JN162090

本当にわかる
債券と金利

UNDERSTANDING BONDS & INTEREST RATES

債券の基本、経済との関係から
マーケットの歴史と各国の情勢、プロの投資戦略まで

ピクテ・ジャパン　シニア・フェロー
大槻奈那 NANA OTSUKI
パインブリッジ・インベストメンツ　債券運用部長
松川　忠 TADASHI MATSUKAWA

日本実業出版社

まえがき

マイナス金利の衝撃から約1年が経ちました。日銀から衝撃の発表をした2016年1月29日は、すべての投資家や金融機関にとって忘れられない日となりそうです。

私も大学の教壇に立つ者として、これまで「金利はマイナスにならない」としてきた授業のレジュメも書き直し、政策金利がマイナスでも、民間の貸出金利には波及しないというしくみなどを書き込むなど、多くの時間をかけて説明するようにしました。おそらく、金融関係の教育者は、いろいろなところで同じような作業を強いられたことと思います。

ところが、ある日、社会人の知り合いから、「マイナス金利っていうことは、モノの値段も同じように下がるんですよね？」と質問されました。大学生たちには一生懸命説明してきたものの、すでに社会に出ている人々は、新聞やテレビで大きく扱われたこの出来事について、忙しい日常のなかで咀嚼しながら理解するのはむずかしいのではないかと思わずにはいられませんでした。

実はマイナス金利発表から1か月後に、日銀のなかで金融教育を行なっている金融広報中央委員会（通称・しるぽると）という部署が、全国一斉に金融知識や投資行動に関する調査を行ないました。この類の調査としてはわが国で初めての規模で、2万5000人を対象として、金融知識に関する41の設問と、投資行動などに関するアンケートを行なったものです。

日本人は、この手の知識を問う問題や、学生の数学力などは世界有数の実力です。2015年の英アルスター大学の調査ではIQも世界で3位以内に入っている実力です。

にもかかわらず、日銀が行なったこの金融知識に関する設問への正答率は、米英独のどこよりも低く、ＯＥＣＤで類似の調査を行なった国々の平均をも下回っていました。

とりわけ点数が低かったのが「債券価格」についての問題です。「金利が上昇すると債券価格はどうなるか？」といういちばん基本的な問題に対する正答率は、わずか24％に留まりました。一方、リスクとリターンの関係などを問う問題については、他の国よりも正答率も高くなっていました。

どうやら、株式投資などで教わるリスクとリターンの関係については浸透している一方、債券や金利の関係については、だいぶ知識が抜け落ちてしまっているようです。

そのような状況にもかかわらず、金利や債券の世界はどんどん複雑になってきています。２０１６年9月には、日銀は新たに「長短金利・操作付き量的・質的金融緩和」を発表しました。このとき導入された金利操作は「イールドカーブ・コントロール」と呼ばれる手法で、長期金利も含めて日銀が監視・コントロールするというものです。

この手法がどういうものかについては本文をお読みいただくとして、ここでお伝えしたいことは、債券や金利に関する制度は、どんどん複雑化しているということです。まだ「イールドカーブ」の概念自体も一般には浸透していないのに、国のなかで最も重要な経済主体である個人の方々を差し置いて、金融の世界だけがどんどん突っ走ってしまっている気がしてなりません。そもそも、政府や日銀がこのように複雑な金融政策を行なわなければならないのは、専門的にいえばインフレ期待が盛り上がらないからです。そしてその最大の理由は、個人の方々がインフレを信じないためです。そうであれば、個人を置いてきぼりにしてしまうような政策では、ますます効果が出にくいはずです。

たしかに債券というのは、個人が直接投資する機会も限られていますし、かなり小むずかしい数字の世界に支配されています。身近にあってよく知っている製品をつくっている会社や、街中にあるお店を運営している会社などの株式を売買する株式投資にくらべると、おそらく圧倒的にとっつきにくい世界です。しかし、今後3年から5年くらいを見通したとき、個々人が被る最も大きな経済的な問題をはらんでいると思われるのが、債券であり金利なのです。為替レートにも大きな影響を与えますし、国の財政問題も然りです。「債券や金利は、とっつきにくくてわからない」では済まされなくなってくる可能性が高いと思われます。

そうした債券と金利の世界について「本当にわかる」ようにするため、本書では、金利・債券の世界に不慣れな方々にも感覚がつかみやすいように、なるべく事例を入れ、数式を省いて文章で説明するなど、やさしく説明することを心がけました。それでもわかりにくい箇所もあるかもしれませんが、最後までお読みいただくと、疑問点も徐々に解決するようになるかと思います。

今後、日本の債券・金利市場が何か大きな問題に直面することになっても、本書が読者のみなさまにはその原因や舞台裏がわかり、どのように対応すればいいかを判断できるようになる一助となれば幸いです。

二〇一六年一二月

大槻奈那

CONTENTS

第4章 プロの債券投資戦略（実践編）

第5章　債券の歴史と日本国債の行方

CONTENTS

装丁・DTP／村上顕一

本書に記載された内容は、筆者個人の見解・予測であり、勤務先であるマネックス証券はその内容の正確性や完全性について意見を表明、保証するものではありません。提供する情報などは本書作成時現在のものであり、今後予告なしに変更されることがあります。本書に記載した情報、予想及び判断は有価証券の購入、売却、デリバティブ取引、その他の取引を推奨し、勧誘するものではございません。過去の実績や予想・意見は、将来の結果を保証するものではございません。
筆者およびマネックス証券はお客様が取った行動に関して責任を負うものではありません。
銘柄の選択、売買価格などの投資にかかる最終決定は、お客様ご自身の判断と責任でなさるようにお願いいたします。

債券取引に関する重要事項
債券の価格は、金利水準の変動により上下しますので、償還前に売却する場合には、元本損失が生じることがあります。また、発行者の経営・財務状況の変化及びそれらに対する外部評価の変化等により、元本損失が生じることがあります。外貨建て債券は、為替相場の変動等により、元本損失が生じることがあります。

お取引にかかる手数料、費用は各社で異なるため、記載することができません。
お取引の際は、各社ウェブサイト等で「契約締結前交付書面」「目論見書」「無登録格付に関する説明書」「リスク・手数料などの重要事項に関する説明」等を必ずお読みになり、手数料、リスク等についてご確認ください。

マネックス証券の金融商品等に関する最新情報は、マネックス証券ウェブサイト（http://www.monex.co.jp/）でもご確認いただけます。

プロローグ

UNDERSTANDING BONDS & INTEREST RATES

金利が「マイナス」になった！

LECTURE 0－1

ついに日本でもマイナス金利が始まった

日銀が積極的な金融政策を相次いで実施

放たれた矢

２０１２年12月に第２次安倍内閣が発足し、大胆な金融政策、機動的な財政政策、民間投資を喚起する成長戦略を３本の矢と称した一連の経済対策「アベノミクス」を開始して以来、国債を中心とする「債券と金利」が大きくクローズアップされるようになりました。そしてさらに、マイナス金利をはじめとする史上まれにみる出来事がいくつも起こってきました。

プロローグでは、そうした出来事に焦点を当てて、ドキュメント仕立てで紹介していきます。少しわかりにくい用語もあるかもしれませんが、それらについては第１章以降で解説していきますので、ここではまずはそのまま読み進めてみてください。いかにいま債券や金利が注目を集めているのかが浮かび上がってくるはずです。

2013年4月4日は円債（円建て債券）市場にとって歴史的な日になりました。

その日の14時前、日銀の金融政策決定会合において、「量的・質的金融緩和の導入について」という文書が発表されたのです。ブルームバーグ社の情報端末からは、後に「黒田バズーカ1」と称される、市場関係者の想像を超えた金融緩和に関する文言が次々と流れてきました。

「長期国債購入の買入れ対象年限を拡大」
「長期国債購入はグロスで月7兆円強」
「買入れ対象は40年債を含む全ゾーン」

それは、アベノミクスのいわゆる3本の矢のうち、1本目が放たれた瞬間でした。

発表後、金利は大幅に低下（債券価格は上昇）してその日の取引を終了。10年国債利回りは、2003年6月11日につけた過去最低金利である0・43％を更新しました。その日の会見では、黒田東彦日本銀行総裁が「量・質ともに次元の違う金融緩和を行なった」と、「異次元緩和」を実施したことについて説明しました。

そして翌日の4月5日。朝から債券市場は大幅に続伸してスタートしました。10年国債利回りはさらに低下して0・3％台になっていました。日本は当時世界一の低金利国でしたので、これは人類史上、最低の金利水準といってもいいでしょう。

ところが、午後になると状況は一変しました。金利が大幅に低下したことを受けて、債券に利食い売りが殺到したのです。債券先物はサーキット・ブレーカー（売買の一時停止）を二度繰り返すなど、相場は激しい動きとなりました。結局その日、10年国債利回りは最終的に0・5％まで上昇（債券価格は下落）して取引を終えました。デフレ脱却を目指した黒田日銀の異次元緩和は、まさに「異次元相場」の始まりだったのです。

さらに広がる〝異次元〟の動き

2013年5月23日、10年国債利回りは1％近くまで上昇（債券価格は下落）しました。FRB（Federal Reserve Board：米国の政策金利を決める連邦準備制度理事会）が大規模な債券購入を縮小する、との観測が出たからです。金融緩和を加速させたい日本と、そろそろ量的金融緩和から脱し、金融調節を正常化させたい米国。こうした日米の金融政策の温度差を反映して、為替相場でも、ドル円は1ドル＝103円まで円安が進み、円安を好感した日経平均株価も1万6000円近くまで上昇していました。

しかし、10年国債利回りが1％に跳ね上がったのと同時に、株式市場でも異次元の動きが発生しました。安倍政権誕生から一本調子で上昇していた株式市場が、利食い売りにより急落したのです。結局、その日の株式市場は1000円以上も下落。一方、債券は買い戻され、10年国債の利回りは0・8％台で終了しました。

この話には後日談があります。某大手銀行がこの期間中、保有国債の売却を進めていたことが、決算資料によってわかったのです。まさに異次元の低金利を背景とした「脱・国債」の動きが現実のものになりました。

ハロウィーンのサプライズ――黒田バズーカ2

アベノミクスの1本目の矢である異次元緩和。それは2年間という短期間でのデフレ脱却を目指したものでした。目標数値は、消費者物価指数の前年比上昇率2％。その実現可能性については、さまざまな見方がありますが、2年間で達成されたら、その時点で金融緩和が打ち切られる可能性は十分にありました。

加えていうなら、短期間でデフレを脱却するためには、相当の円安や株高、あるいは地価上昇といった状況が想定され、そのような状況になれば、基本的に株式とは逆相関の関係にある債券価格は大幅に下落し、長期金利は上昇するはずでした。

ところが2014年に入ると、異次元緩和の効果が薄れてきたのか、日本経済は低調な動きとなりました。為替レートはドル円が1ドル＝100円台前半で推移する一方、当初2年で2％という目標を掲げた消費者物価に関しては、消費税の影響を除いて考えると1％台程度にとどまってしまっていました。

そんななか、10月末のちょうどハロウィーンの日に突然、日銀が追加の金融緩和策を発表しました。これが俗にいう「ハロウィーン緩和」、つまり「黒田バズーカ2」と呼ばれるもので、日銀による資産買入れ額を増やすという内容でした。このハロウィーン緩和を好感して、日経平均株価は大幅上昇へと転じ、ドル円も1ドル＝120円を目指す展開となりました。

サプライズ効果も手伝って、ハロウィーン緩和はマーケット的に大きな効果を発揮したといってもいいでしょう。

驚きのマイナス金利政策

２０１５年、日経平均株価は2万円を突破しました。

しかし、実体経済に関しては、実質ＧＤＰ成長率が０％近辺という鈍い状態が続きました。また、インフレ率も、原油価格の急落もあってコアＣＰＩの伸び率が０％近辺で膠着し、当初意図した２％にはほど遠い状況が続きました。

そんななか、２０１６年1月29日、さらなる驚きの金融政策が発表されました。これが「マイナス金利政策」で、正式には、「マイナス金利付き量的・質的金融緩和」といいます。すでに欧州ではマイナス金利が現実のものとなっていましたが、ついに日本もマイナス金利の時代に突入したのです。

ただ、マイナス金利といっても、「銀行が日銀に預けている準備預金の一部に適用される金利をマイナスにする」というものです。２０１６年2月時点の当座預金残高が２６０兆円であるのに対し、マイナス金利の対象になるのは10兆円から30兆円程度に過ぎませんでした。しかしながら、準備預金金利をマイナスにすることで、無担保コールやＴＩＢＯＲなどのマネーマーケット市場の金利がマイナスになり、これに連動する貸出金利が低下、企業活動を刺激する効果が期待されていました。

ただ、一般の預金金利まではマイナスにできないので、貸出金利の低下分は銀行が負担することになります。

その効果のほどですが、正直なところ何ともいえません。一足先にマイナス金利を採用した欧州では、効果は限定的と見られています。日本経済の場合、銀行などによる間接金融への依存度が大きいため、際限なくマイナス金利を進めることは抵抗感が強いと思われますし、銀行が仮に貸出金利の低下を嫌って貸し渋りに走ったりすれば、経済へのプラス効果どころか、マイナス効果も懸念されるところでした。

しかし、2016年2月、さらなる衝撃的なニュースが新聞紙上を賑わしました。


「長期金利、初のマイナス」


つまり、代表的な長期金利である10年国債利回りが、初めてマイナスに突入したのです。

これまでも、短期国債金利などはマイナス

図表0-1 ● 長期金利は長い時間をかけて低下してきた
—— 日本国債10年金利の推移（2006年2月～2016年2月）

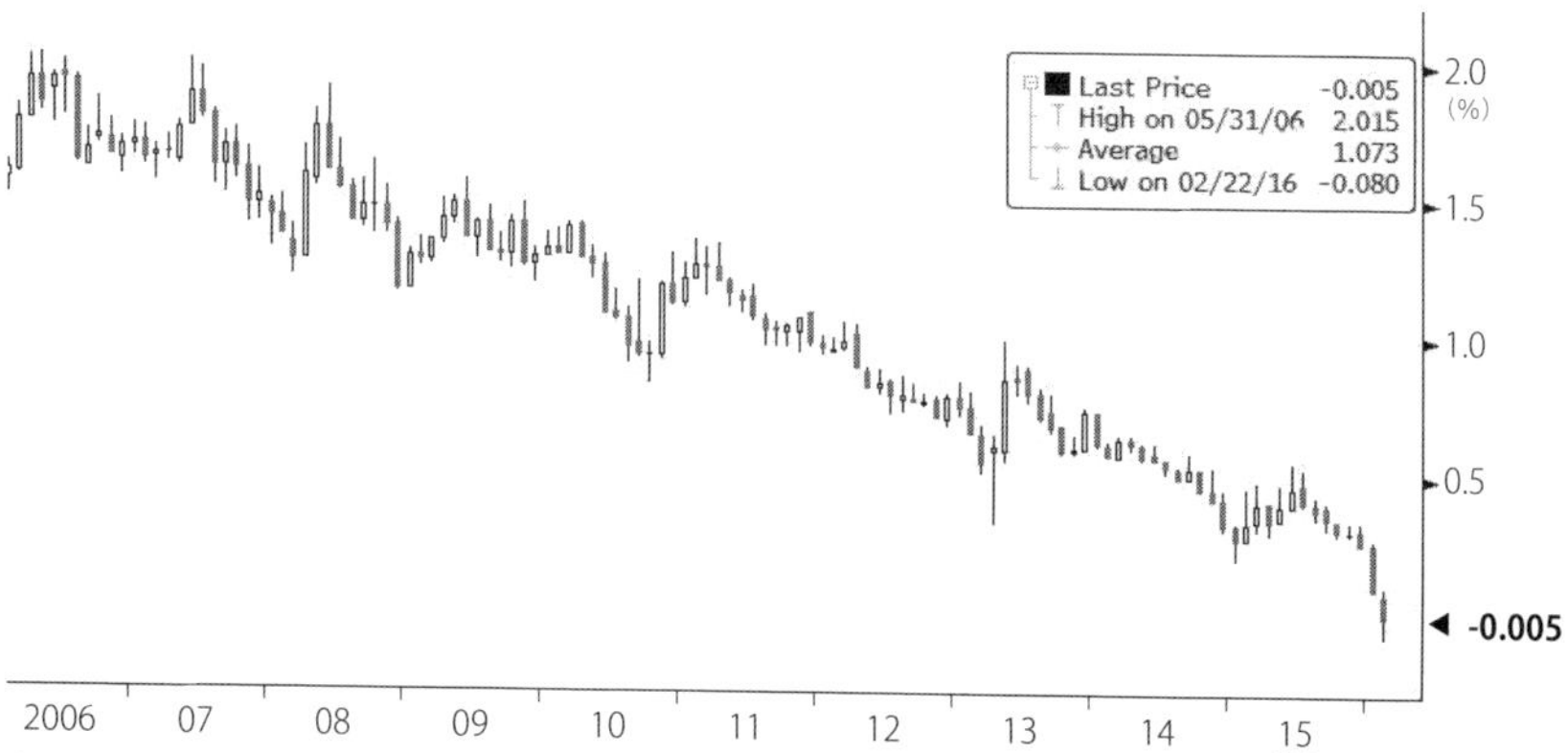

出所：ブルームバーグ社

をつけていたのですが、さすがに長い金利である10年国債利回りがマイナスに突入したのは、衝撃的なニュースでした（ちなみに、２０１６年11月には、10年国債利回りは再びプラス圏に戻っています）。

もっとも、長期金利は突然、マイナスになったわけではありません。

前ページ**図表０―１**のチャートをご覧いただければおわかりになると思いますが、長期金利は長い時間をかけて低下を続けてきたのです。

つまり、これまでの金利低下の流れの結果として、長期金利のマイナスが実現したということもできるのです。それは、日銀が「量的・質的金融緩和」政策で、発行された国債の大部分を購入していることが背景にあるのはいうまでもありません。

LECTURE 0－2

なぜ債券の利回りがマイナスになるのか？

さらに高く売れる見込みがあれば買う人が出てくる

債券価格が上昇すれば利回りは低下する

債券には「クーポン（＝利札）」が付いていて、それに記されている利率に応じた利子が支払われます。額面金額が100円でクーポンが1％であれば、年1円の利子が支払われるというわけです。したがって債券投資の基本は、「利子を定期的に受け取りつつ、償還時に元本を返してもらう」という形になります。

このことから、債券投資では発行元がデフォルト（債務を支払えなくなること）することなく、償還まで保有し続けていれば、元本割れで損失を被ることはありませんでした。債券投資は、元本の安全性が極めて高い投資対象というのが、金融や資産運用の世界における共通認識だったのです。

ところが、債券の利回りがマイナスになるのは、これまでの債券投資の常識を覆すことになります。なぜなら、償還まで保有しても元本割れになることを意味するからです。

これを理解するためには、まず債券の基本的なしくみを覚える必要があります。詳しくは第1章で解説しますが、ここで簡単に説明しておきましょう。

前述したように、債券には「クーポン（＝利札）」が付いています。クーポンは、額面100円に対して何％の利子が支払われるのかが表記されています。1％なら1円の利子、2％なら2円の利子が支払われます。

また債券は、債券市場で不特定多数の投資家によって売買されていますが、売買される際には「債券価格」といって、債券の買い手と売り手の需給バランスによって形成される値段で取引されます。そのため、債券価格は、額面100円に対して101円に上昇したり、あるいは99円に値下がりしたりします。

仮に、償還まで1年、クーポンが年2％の債券が、額面100円に対して100円で取引されていたとしましょう。この場合、償還まで保有した場合の利回りは次の計算式で求められます。

｛2円＋（100円−100円）／1年｝÷100円＝0・02＝2％

このように、償還まで保有した場合の最終的な債券の収益率を「最終利回り」といいます。よく新聞などで「日本の長期金利が……」という場合の長期金利は、10年国債の最終利回りを指しています。

では、債券価格が額面100円に対して97円になったらどうでしょうか。

｛2円＋（100円−97円）／1年｝÷100円＝0・05＝5％

このように債券価格が下落すると、最終利回りは上昇します。

次に、債券価格が額面100円に対して103円になった場合を計算してみましょう。

｛2円＋（100円−103円）／1年｝÷100円＝−0・01＝−1％

この場合、マイナス1％となりましたが、以上の計算式から、「債券価格が下落すると利回りは上昇し、債券価格が上昇すると利回りは低下する」ということが、おわかりいただけたかと思います。

このことは債券について理解する際に非常に大切な原則となります。つまり長期金利がマイナスになったのは、日本国債に対する買い意欲がどんどん高まった結果、債券価格が大幅に上昇したからなのです。

日本国債への買い意欲が高まった理由

では、どうして日本国債に対する買い意欲が高まったのでしょうか。これには次の4つの理由が考えられます。

第一の理由は金利裁定の動きです。準備預金金利がマイナスになると、銀行は準備預金金利のマイナスで被った損を取り返すため、プラスの利回りを維持している債券への投資を活発に行なおうとします。このようにより高い金利の投資対象に資金がシフトすることを「金利裁定」といいます。

少しでも利子が得られる債券に対する需要が高まれば、その債券の価格は値上がりします。その結果、買いが買いを呼んで債券価格がさらに上昇して、利回りが大幅に低下しました。

第二の理由は需給です。2016年2月時点において、日銀は新たに発行される国債のほぼ100％を購入しています。つまり、日銀が量的・質的金融緩和政策に基づいて日本国債を購入し続ける限り、投資家はマイナス金利で日本国債を購入したとしても、さらに深いマイナス金利水準で日銀に売却できれば、債券価格の値上がり益を得ることができると考えて投資します。

実際、日銀の異次元緩和以降、長期保有する投資家の比率が減少する一方、短期的なサヤをとるトレーディング目的の売買が増加しています。たとえば、5年債をマイナス0・15％の利回りで購入し、償還まで保有すれ

図表0-2 ● 欧州主要国の2年金利（2016年2月時点）

スイス	-1.12%
スウェーデン	-0.618%
ドイツ	-0.537%
オランダ	-0.50%
フランス	-0.422%
デンマーク	-0.353%

出所：ブルームバーグ社

ば、明らかに損失を被りますが、償還前に利回りがマイナス0・20%になったところで日銀に売却できれば、(債券価格が値上がりしているので)リターンはプラスになります。このようなトレードの善悪はさておき、日銀が量的・質的金融緩和を継続している限りにおいては、債券価格の上昇期待を背景にして、たとえマイナス金利であっても債券を買おうという資金が集まることになります。

第三の理由は、海外投資家による日本国債の購入です。日本国債は大半が国内投資家によって保有され、海外投資家の保有比率は低かったのですが、欧州で日本以上のマイナス金利政策がとられるようになったことから(**図表0—2**)、近年、海外投資家による日本国債の買いが活発化してきました。

海外投資家が日本国債を購入する動機としては、これに加えてベーシススワップの存在があります。ベーシススワップとは「円をド

図表0-3 ● グラフが下に行くほどベーシススワップは拡大
——ドル円のベーシススワップ(2014/2月〜2016年2月)

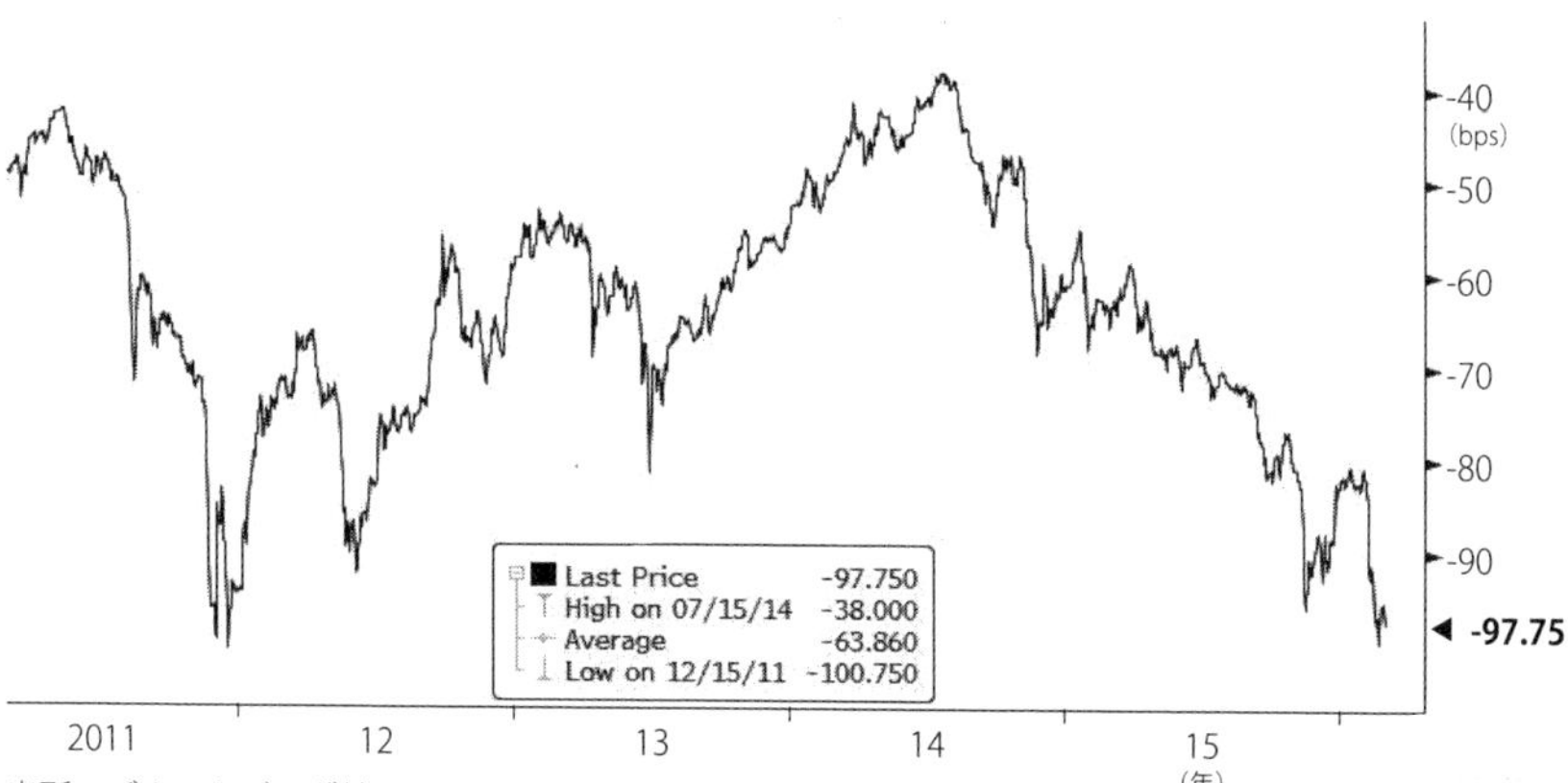

出所:ブルームバーグ社

ルに変換するコスト」です。言い換えると、「日本の投資家がドルを買うコスト」ですが、最近、米ドルに対する需要が高まっていることから、大幅に拡大しているのです（前ページ**図表0―3**）。

図表0―3のグラフは下にいくほどベーシススワップが拡大していることを示していますが、この状態を日本サイドから見ると、ドル調達コストが高くなっていることを意味し、逆に米国などドルを保有している投資家が円を買う場合は、それだけ安く購入できることを意味します。

つまり、日本国債の利回りがマイナス金利であったとしても、ドルを円に変換して購入すれば、プラスの利回りが確保できるのです。

そして、日本国債がマイナスになる第四の理由は、「損をしてもいい」という投資家の存在です。厳密にいえば、「より損が少なければいい」という次善の策です。

今後、さらにマイナス金利が深化するとしましょう。その場合、何も手を打たずにいれば、いま以上にマイナス金利での運用を迫られる恐れがあります。そうであれば、まだマイナス金利が小さいうちに、早めに国債を買ってしまおうという行動をとる投資家が必ず出てきます。

現在、日銀のマイナス金利は超過準備預金の一部分にしか課せられていません。しかし、それでも、その部分については、マイナスでの運用を行なわなくてはいけません。

したがって、「よりマイナスが小さい金利」を選択するのは、極めて合理的な投資行動になるのです。

LECTURE 0－3

日銀はなぜマイナス金利政策に踏み切ったのか？

異次元緩和の実効性を後押しするため

インフレ期待の低下と円高を阻止するのが狙い

日銀が、金融政策の歴史においては異例ともいうべき「マイナス金利政策」に踏み切った理由は、2つ考えられます。

第一にインフレ期待の低下です。日銀の異次元緩和は、円安と株高によってインフレ期待を高め、賃上げを促し、経済に好循環を生み出すことで、デフレマインドを払拭する効果を狙ったものでした。したがって、インフレ期待の後退は、日銀にとって看過できない状況であると思われます。

市場のインフレ期待は、「ブレイク・イーブン・インフレ指数（市場が推測する期待インフレ率を示す指標。通常、物価連動国債の利回りと普通国債の利回りの差が用いられる）」という数字に表れます。次ページ**図表0－4**のグラフは2013年から2016年にかけてのブレイク・イーブン・インフレ指数です。2013年当初はアベノミクスへの期待もあり、同指数は上昇を続けていましたが、2014年半ばには、原油をはじめとする商品価格の下落や日本経済の低迷から上昇が頭打ちになり、2015年以降は低下基調が鮮明になりました。

日銀の「マイナス金利政策」は、再び浮上してきたデフレマインドを払拭し、再びインフレ期待を醸成しようという狙いがあるのです。

日銀がマイナス金利政策に踏み切ったもう一つの理由は、円安トレンドが反転したことです。インフレ期待の醸成には円安トレンドが不可欠ですが、2015年に入ると、円安トレンドが頭打ちになってきました。実際、おもな貿易相手国の為替レートを貿易量に応じて加重平均した「実効為替レート」を見ると、2015年半ばにピークアウトしていることがわかります。

そのいちばんの原因となったのが、2015年8月の「人民元切り下げ」です。

中国の通貨である人民元は、基本的に「ド

図表0-4 ● 市場のインフレ期待は低下していた
——ブレイク・イーブン・インフレ指数（2013年〜2016年）

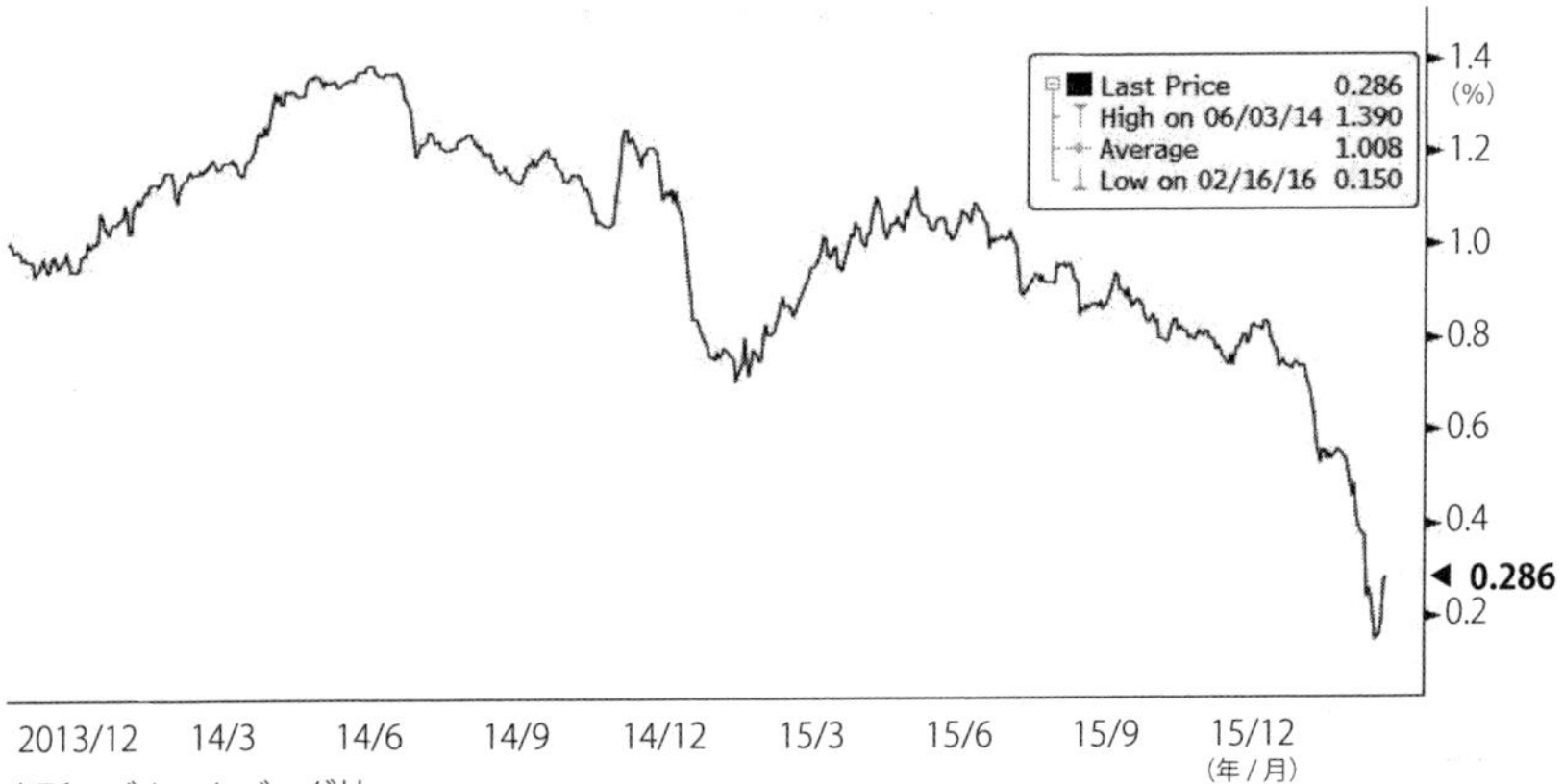

出所：ブルームバーグ社

ルペッグ制」といって、米ドルに対して固定レートになるように為替レートの調整が行なわれています。

　これが、2015年に入ってから米国の利上げ期待を反映し、米ドルが主要国通貨に対して上昇したことにより、ドルペッグ制をとっている人民元も米ドルとともに上昇しました。人民元高は、輸出産業を中心とした経済構造を持つ中国経済にとっては重石になります。

　そこで中国は、人民元高による輸出産業への悪影響を払拭するため、人民元の切り下げに踏み切ったのです。人民元が切り下げられたことで、対円で大幅に人民元安が進行しました（**図表0―5**）。

　加えて、人民元と相関が高い韓国ウォンや台湾ドルなどのアジア通貨も、対円で下落に転じました。こうなると、今度はアジア通貨に対して円が大幅高になるため、日本の輸出

図表0-5 ● 2015年は対円で大幅に人民元安が進行
――オフショア人民元　対円相場の推移（2012年～2016年）

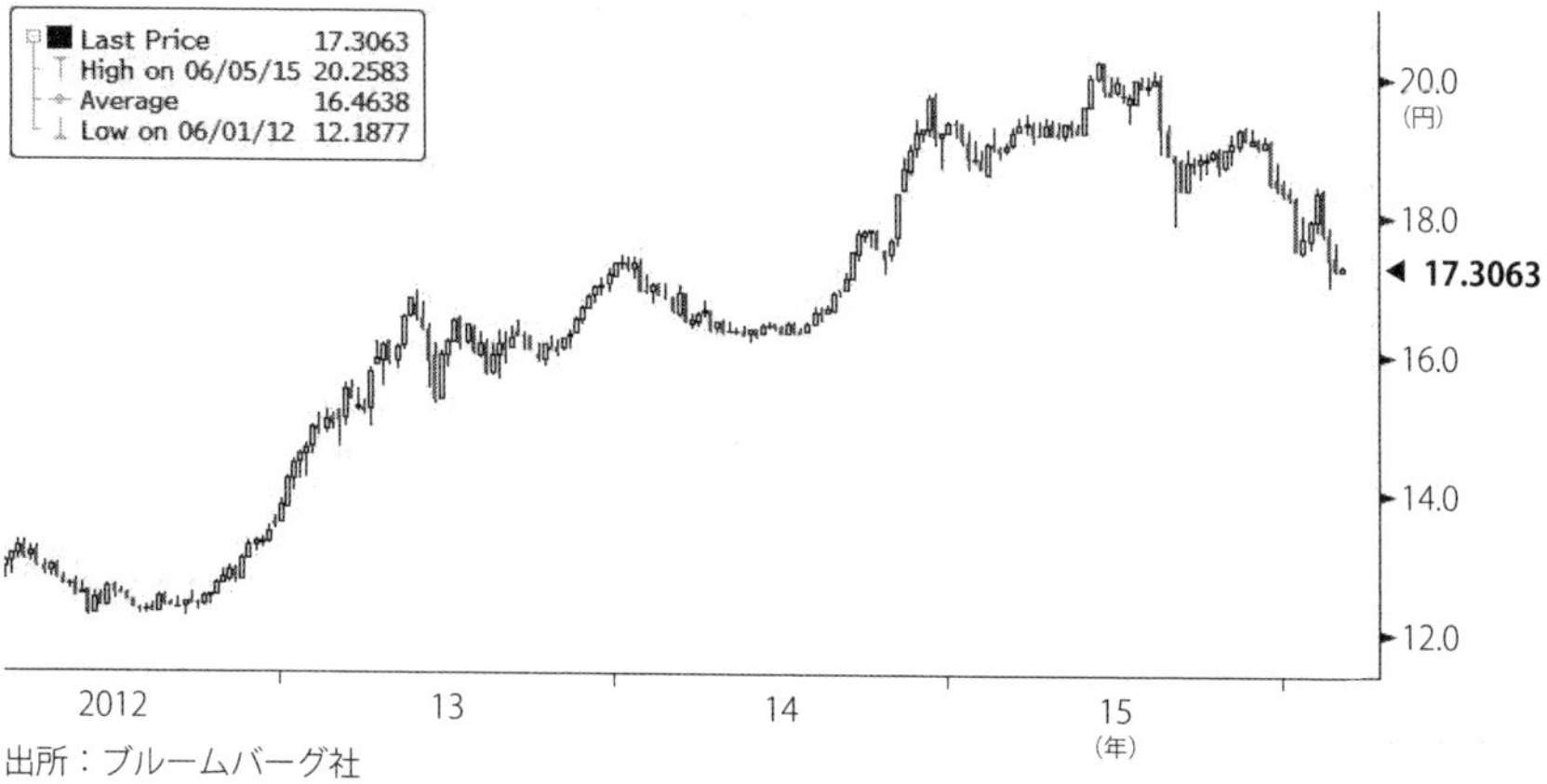

出所：ブルームバーグ社

企業に悪影響が及ぶ恐れが生じてきます。こうした状況を防ぐため、日銀がマイナス金利の導入に踏み切ったと考えることもできます。

そもそも異次元緩和とは何なのか?

ここで改めて、日銀が採用した、「量的・質的金融緩和（QQE：Quantitative-Qualitative Easing）」について、具体的に考えてみましょう。

2013年4月、日本銀行は政策委員会・金融政策決定会合において、「量的・質的金融緩和」の導入と称して、左記の決定を行ないました。

日本銀行は、消費者物価の前年比上昇率2%の「物価安定の目標」を、2年程度の期間を念頭に置いて、できるだけ早期に実現する。このため、マネタリーベースおよび長期国債・ETFの保有額を2年間で2倍に拡大し、長期国債買入れの平均残存期間を2倍以上に延長するなど、量・質ともに次元の違う金融緩和を行なう。

この「量的・質的金融緩和」については、具体的には次のような内容が説明されています。

①マネタリーベース・コントロールの採用

金融市場調節の操作目標を、無担保コールレート（オーバーナイト物）からマネタリーベースに変更。マネタリーベースが、年間約60兆〜70兆円に相当するペースで増加するよう金融市場調節を行なう。

②長期国債買入れの拡大と年限長期化

イールドカーブ全体の金利低下を促す観点から、長期国債の保有残高が年間約50兆円に相当するペースで増加するよう買入れを行なう。長期国債の買入れ対象を、40年債を含む全ゾーンの国債としたうえで、買入れの平均残存期間を、現状の3年弱から国債発行残高の平均並みの7年程度に延長する。

③ETF、J―REITの買入れの拡大

資産価格のプレミアムに働きかける観点から、ETFおよびJ―REITの保有残高が、それぞれ年間約1兆円、年間約300億円に相当するペースで増加するよう買入れを行なう。

④「量的・質的金融緩和」の継続

「量的・質的金融緩和」は、2%の「物価安定の目標」の実現を目指し、これを安定的に持続するために必要な時点まで継続する。その際、経済・物価情勢について上下双方向のリスク要因を点検し、必要な調整を行なう。

以上ですが、ここからは日銀の金融政策への理解を深めるため、「マネタリーベース」と「国債買入れ」について解説します（「イールドカーブ」については第3章参照）。

まず「マネタリーベース」です。日本銀行のホームページによると、マネタリーベースとは、「日本銀行が供給する通貨」と説明されています。

具体的には、市中に出回っているお金である流通現金（日本銀行券発行高＋貨幣流通高）と「日銀当座預金」の合計値が、マネタリーベースの金額になります。日本銀行券はお札、貨幣は10円玉、１００円玉、５００円玉などのことで、誰もが簡単にイメージできると思いますが、日銀当座預金はややわかりにくいかと思いますので、簡単に解説を加えておきましょう。

日銀当座預金とは、銀行などの金融機関が日銀に保有している預金口座です。われわれ個人が銀行に預金口座を有していると同じように、銀行も日銀に口座をもっています。

日銀当座預金には、以下の3つの役割があります。

①金融機関が他の金融機関や日本銀行、あるいは国と取引を行なう場合の決済手段
②金融機関が個人や企業に支払う現金通貨の支払準備
③準備預金制度の対象となっている金融機関の準備預金

日銀当座預金＝銀行が日銀に預けている預金金額が増加すれば、それだけ銀行が民間に対して貸し出しを行ないやすくなるということです。

一方、民間の法人や個人などの非金融機関が銀行に保有する預金の総量は、マネーストックと呼ばれています（ちなみにマネーストックは、２００８年まで「マネーサプライ」という名称が用いられていました）。

つまり、日銀の量的・質的金融緩和がマネタリーベースを増加させ、その結果、マネーストックが

拡大すれば、経済が活性化し、デフレ脱却へ向かう可能性が高まるという流れです。

もちろん、この前提として、「マネタリーベースが増加すれば、銀行の貸出が増加する」ことが根底にあります。しかし、銀行の貸出には、国際的な銀行規制であるＢＩＳ規制などによって制約が課せられており、何でも貸せばいいというものではありませんし、そもそもお金を借りる側である企業に資金需要がなければ、貸出は発生しません。いくら量的・質的金融緩和を続けたとしても、企業側の資金需要が盛り上がらなければ、景気は拡大しませんし、量的・質的金融緩和が目指すところの、デフレ経済からの脱却も、絵に描いた餅になってしまうことには注意が必要です。

次に、もう一つのキーワードである、「国債買入れ」について解説します。日銀が国債を買い入れるしくみは次のようになります。

日銀は通常「金融調節」という形で、市場に資金を供給したり、資金を吸収したりしています。その一環として、資金が不足している場合は、金融機関が保有する国債を買い入れて、資金を供給するオペレーションを行なっています。このオペレーションを「買いオペ」と呼んでいます。一方、資金を吸収するために国債を売却するオペレーションを「売りオペ」と呼んでいます。

国債の買入れを増額させるということは、まさに資金の供給を増加させることを意味します。国債買入れは、数ある日銀のオペレーションの一つなのです。

日銀が銀行から国債を買い入れた場合、その銀行が日銀に保有する当座預金に入金されます。その結果、日銀の当座預金残高が増加し、マネタリーベースの増加につながります。

日銀当座預金は、①他の金融機関とのあいだの資金の受け払い、②個人や企業に対する銀行券など現金通貨の支払い準備の増減（銀行券要因）、③国との財政資金などの資金の受け払い（財政等要因）によって増減します。

このうち①は金融機関全体で相殺されるので、日銀当座預金は、②銀行券要因と③財政等要因によって変動します。

企業の給与の支払いにより、銀行券需要が発生すれば、日銀当座預金が減少し、公共事業の支払いで国が金融機関に支払う場合には、日銀当座預金が増加します。本来であれば、この日銀当座預金の過不足に対応する形で、日銀が資金を供給したり吸収したりするのですが、「異次元緩和」においてはマネタリーベース、すなわち日銀の当座預金を増加させることが目的なので、基本的に資金吸収は行なわれず、国債を買い入れることで資金を供給する政策が主眼となるわけです。

なお、日銀公表の現在のマネタリーベースの残高は**図表0―6**のようになっています。

図表0-6 ● 2013年からマネタリーベースは急増
―― 日銀マネタリーベースの推移（2006年〜2015年）

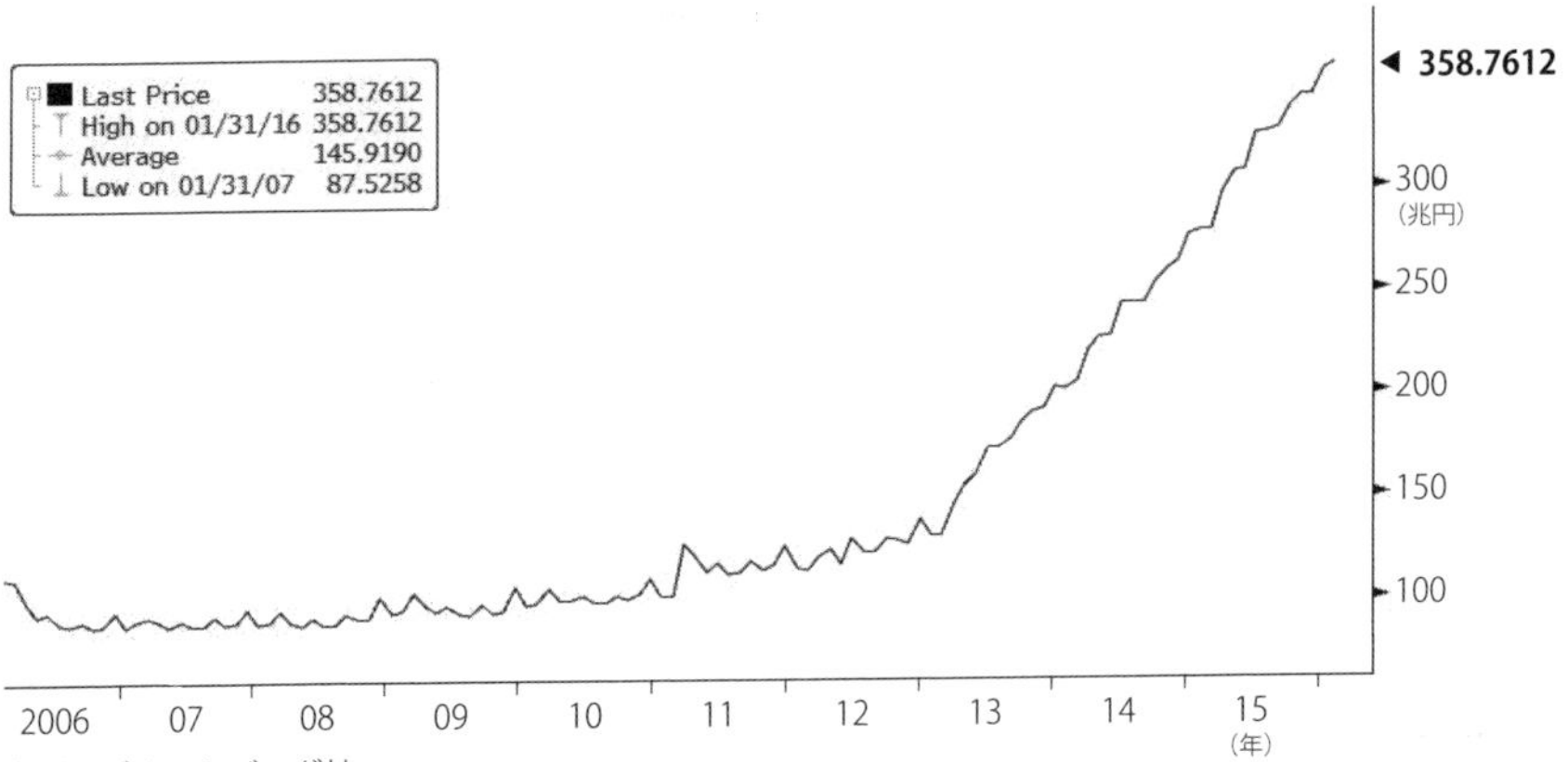

出所：ブルームバーグ社

LECTURE 0-4

量的・質的金融緩和の明と暗

学者のあいだでも賛否が対立している

デフレ脱却のための2つの柱

そもそも、こうした「量的・質的金融緩和」が行なわれることによって、どのような経路でデフレを脱却できるのでしょうか？

元学習院大学経済学部教授の岩田規久男・日本銀行副総裁によれば、「量的・質的金融緩和」においては2つの柱が存在するとしています（注1）。

第一の柱は2％の物価安定目標の早期達成についての「コミットメント」。

第二の柱は量の拡大と質の変化です。量の拡大は、長期国債を中心とした各種資産の買入れにより、中央銀行から金融システムに供給されるマネー（マネタリーベース）を大幅に増加させること。質の変化とは、長期国債やETF・J—REITのようなリスクの高い資産も購入することです。

「量的・質的金融緩和」によって、名目金利が押し下げられる効果と、2％の物価安定目標により予想インフレ率が押し上げられる効果が相まって、その差分の「予想実質金利」を押し下げる方向に作用するとしています。

そして、予想実質金利の低下は次のようなプラス効果をもたらすとしています。

①現預金や債券といった安全資産から、株式や土地といった実物資産や金利の高い外貨への資金シフトが起こり、株高や外貨高による資産効果により、家計の消費が増加する。
②予想実質金利の低下により、為替が円安になり、輸出企業にプラスの効果をもたらす。
③予想実質金利の低下により、設備投資が刺激される。
④中期的にはマネタリーベースを増加させることで、貸出増加につながる。

このうち、④については、景気全体が好転すれば、資金需要が増加して、その分、貸出が増えることを見込んでいます。しかしながら、現状では長期デフレ状態のため、企業の現預金保有残高が高く、運転資金や設備投資資金は手元の現預金でまかなうことから、デフレからの脱却が始まってからも、しばらくのあいだは貸出が増加しにくい、と説明しています。

なぜ「量的・質的金融緩和」なのか?

過去において金融政策とは、政策金利を上下動させ、経済に影響を与えることを想定していました。

しかしながら、金利がゼロ近辺に張り付いている現状では、金利引き下げ余地は極めて限定的です。このような状況下では、インフレ率を上昇させて、実質金利を引き下げるしかありません。これが、量的・質的金融緩和の狙いです。

ちなみに「実質金利」とは、名目金利からインフレ率を差し引くことで算出される金利のことです。仮に、名目金利が1％でインフレ率が0・5％の場合、実質金利は0・5％ですが、インフレ率が0・9％まで上昇すれば、実質金利は0・1％に下がり、名目金利を引き下げたのと同様の経済効果が期待できます。

異次元緩和に対する批判的な見方

こうした日銀の「異次元緩和」については、批判的な見方も存在しますので、いくつか紹介してみたいと思います。

「量的・質的金融緩和」の波及経路のポイントは、インフレ期待の醸成です。つまりマネタリーベースを増加させることで本当にインフレ期待を高めることができるかどうか、という点が重要になってきます。

これについては、マネタリーベースがインフレもしくはインフレ期待に機械的な影響を与えるトランスミッション・メカニズム（波及経路）は「ほとんど存在しない」（注2）という懐疑的な見方も存在します。仮にインフレ期待が十分に高まらなければ、実質金利の低下幅は限定的なものとなり、政策効果が薄れてしまいます。たしかに円安が進めば、消費者物価指数が押し上げられ、インフレ期待が醸成されるものの、継続的に円安が発生しない限り、その影響は一過性のものになってしまいます。したがって経済に好循環が生まれ、恒常的に賃上げなどで期待インフレ率が高まることが重要であると考えられます。

一方、その逆に、インフレ期待が醸成されることで金利が上昇してしまい、政策効果が得られないという見方も存在します。「金利高騰は株安要因である。また、実質金利が上がると、投資活動など経済活動を抑制する。そして円高要因である」（注3）という意見がそれです。

「国債が暴落すれば、国債を大量に保有している銀行は、経営破たんに追い込まれる。銀行が破たんあるいは、その危機に陥れば、すなわち、銀行危機になる」（注4）という見方もあります。

「ホテル・カリフォルニア」の歌詞が示唆するもの

次に紹介するのは、大量に購入した国債を日銀がどのようにして売却していくかという、「出口戦略」に懸念を抱く意見です。これについては、日銀が保有する国債を市場で売却することは事実上不可能である、との見方もあります。仮に、国債を満期まで保有することになれば、その期間中、金利が急上昇（国債価格が大幅に下落）した場合は、日銀に多額の含み損が生じてしまい、中央銀行としての信任が損なわれるのと同時に、国庫納付金が減少するという事態も想定されます。

実はこの点は、ＦＲＢによる国債大量買入れにおいても同様のことが議論されています。

ある人は、この状態を「ホテル・カリフォルニア」と呼んでいます。

「ホテル・カリフォルニア」とは、1970年代を代表するロックバンド、イーグルスの楽曲です。この曲の最後に"You can check out anytime you like, but you can never leave"（「このホテルからチェックアウトするのは自由だが、あなたは永遠に出られない」）という歌詞があります。

つまり、この国債買入れは、一見やめることはできそうに見えても、実はやめることができないのではないか、という見方が根強くあるのです。

長期金利をコントロールできるか？

2016年9月の金融政策決定会合で、日銀はこれまでの金融政策の総括的な検証を行ない、これまでの金融政策の枠組みを見直しを行ないました。その結果、従来の黒田日銀が行なってきた、マネタリーベースを操作目標とする手法を改めて、金利を政策目標とした、「長短金利操作付き量的・質的金融緩和」を新たに導入する決定を行ないました。これは、国債買入れがもう限界に近づきつつあるとの認識から、政策の軸足を長短金利に移したもので、政策金利のみならず、10年金利、つまりは長期金利をもターゲットにしているところに特色があります。具体的には、当面は政策金利がマイナス0・1％に対して、10年金利を0％近辺で維持することを目指しています。いわば、「10年金利の短期金利化」ともいえる政策であり、世界にあまり類を見ない新たな金融政策の形態です。

さらには、長短金利差を一定の枠のなかに収めるという「イールドカーブ・コントロール」を目指しています。これは、長期金利が下がりすぎる弊害を取り除くことを目的としたものです。ただし、これに関しては、果たして長期金利をコントロールできるかどうか？　さらには、コントロールすることが望ましいのかどうか？　という疑問も呈示されています。

本来、長期金利は期待インフレ率を反映して動くものであり、また後ほどケーススタディでも触れますが、金融緩和が長期化した場合、歴史的にはイールドカーブはフラット化するのが通常であることから、これは極めてチャレンジングな政策であるということもできます。

現状では10年金利も安定していますが、この新しい金融政策が中長期的に、どの程度の効力を有するかについてはまだ答えは出ていません。この海図なき航路については、今後も見守っていく必要があると思われます。

LECTURE 0－5

マイナス金利の現状はこうなっている

3カ月物から幅広いゾーンでマイナス水準にある

額面以上で発行されればマイナス金利になる

２０１６年1月29日、日本銀行はマイナス金利政策の導入を発表しました。そして、実際にマイナス金利が適用された２０１６年2月16日以降、日本国債の利回りは3カ月物から10年金利（次ペ**図表0－7**）を含む幅広いゾーンにおいて利回りがマイナス水準になっています。

長期金利のマイナス金利化の要因として前述のとおり4点が指摘できます。

①銀行の準備預金金利がマイナスになると、それを回避するために、銀行はプラス利回りの債券への投資を拡大させることが、イールドカーブ（第3章参照）全体を押し下げる方向に働きます。

②日銀オペにより、現状、発行額のほぼ１００％が吸い取られているため、債券の需給がタイト化して債券価格が上昇し、金利が押し下げられます。

図表0-7 ● マイナス金利導入後の動き
――日本国債10年金利の推移

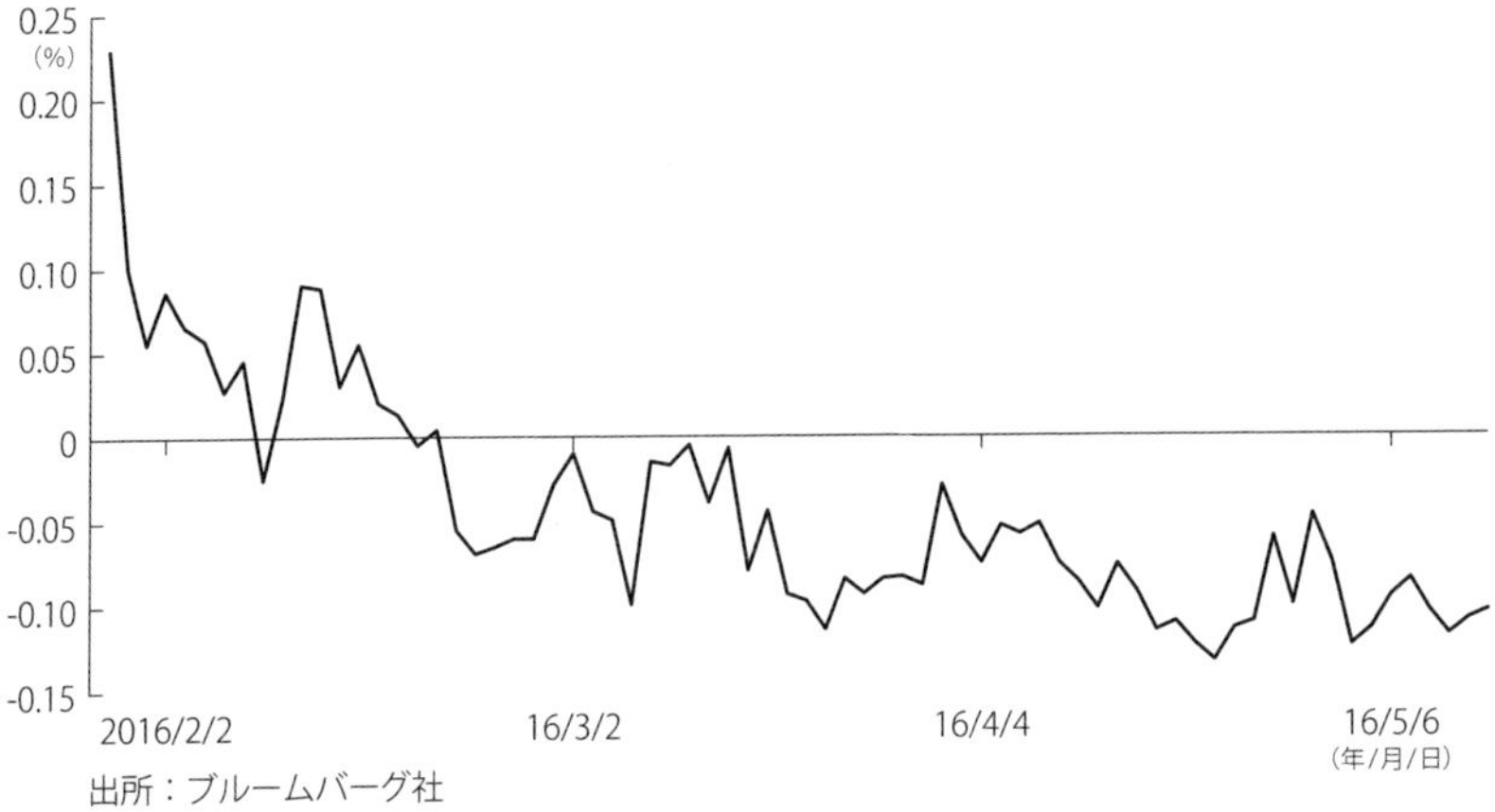

出所：ブルームバーグ社

図表0-8 ● 2016年5月に新規発行された10年利付国債入札結果

平均利回り	-0.0960%
最高利回り	-0.0910%
平均落札価格	101.95
最低落札価格	101.90
応募額	7.49兆円
募入決定額	2.18兆円
応札倍率	×3.44
回号	342
表面利率	0.10%

③ベーシススワップを活用した海外投資家による日本国債の買いがあります。欧州・ECBもマイナス金利政策を採用しており、その結果、欧州債券も短期中心にマイナス圏で推移しています。
④マイナス金利でも投資する投資家が一定数存在していることがあります。

そもそも、マイナス金利とはどのような状態なのでしょうか。実際にマイナス金利で発行された、10年国債を例にとって説明します（**図表0—8**）。

2016年5月10日に入札された利付10年国債は、マイナス0・09％台の利回りで発行されました。ここでまず注意したいのは、マイナス金利で発行されたといっても、表面利率、すなわちクーポンはプラスだということです。

クーポンがプラスなのに、なぜマイナスになるのかについては先ほど触れましたが、ここでも簡単におさらいしておきます。

債券の場合、償還日というものが決められており、その日が訪れると投資した元本が戻ってきます。ただ、その際には額面価格での償還になるため、利付10年国債の場合、10年後の償還時には、額面100円に対して100円の償還金が投資家の手元に戻ってきます。ということは、仮に額面を上回る101円95銭で購入したとすると、最終的な償還時には、額面100円を上回っている分、つまり1円95銭が損失になるのです。

このように発行価格が額面価格である100円を上回っていることを「オーバーパー」、下回っていることを「アンダーパー」といいます。

整理すると、国債の場合は年2回の利払いがありますから、この例だと年2回で合計、0・1％の利払いを受け取る一方で、マイナス1円95銭のキャピタルロスが生じることになります。これがマイナス金利という状態です。

ディーリング相場化した債券市場

しかしながら、これは満期まで保有した場合の話であり、「満期まで保有しなければマイナスにはならない」可能性があるところにマイナス金利の債券が発行される理由があります。

本来、債券は債務不履行（デフォルト）がない限り、償還日まで保有すれば100円で元本が戻ってきます。利回りがプラス水準にあれば、償還日まで保有することで元本は保証されます。

しかし、利回りがマイナス水準にある債券を購入した場合、償還日まで保有すれば元本

図表0-9 ● 10年利付国債　342回の損益計算

回号	342
表面利率	0.10%
購入利回り	-0.096%
購入価格	101.950
受け渡し日	2016/5/12
投資金額（額面）	1,000,000,000
売却利回り	-0.115%
購入価格	102.138
受け渡し日	2016/5/19
キャピタルゲイン	1,880,000
利息収入	19,178
合計	1,899,178

を割り込みますから、償還日よりも前に、自分が買ったのよりも高い価格で、他の投資家に売却する必要があります。つまり10年国債は、途中で売却する必要がある商品に変身したのです。債券市場がディーリング相場化したのです。

実際、2016年5月10日にマイナス0・09％台の利回りで発行された10年国債は、その1週間後には、マイナス0・115％まで低下しました（債券価格は値上がりしました）。

その際の損益を計算すると、**図表0—9**のとおりになります（この例では額面ベースの投資金額10億円を平均落札価格で購入したと仮定します）。

ポイントは、仮にマイナス金利状態であったとしても、価格が上昇すれば、キャピタルゲインと一定の利息収入を獲得することができるということです。

もちろん、そのためには、「より深い」マイナス金利にならなくてはいけないのですが、マイナス金利だからといって、期間損益が「必ずマイナスである」とは限らないことを理解していただきたいと思います。

ロールダウン効果の観点からの考察

もちろん、債券に投資した後、必ず債券価格が上昇するという保証はありません。逆に金利水準が上昇すれば（債券債券価格が下落すれば）、含み損を抱えることになります。

必ず債券価格が上昇する保証はないとはいえ、債券価格が上昇する可能性が高いと考える際に重要なのは、ロールダウン効果の概念です。

ロールダウン効果とは、債券のイールドカーブが右肩上がりの状態にあれば、時間の経過とともに債券価格が上昇し、収益が得られることです。

イールドカーブについては第3章で詳しく解説しますが、債券の償還期限を横軸に、利回りを縦軸にして、各期限における利回りを線で結ぶことによって描かれる曲線のことです。通常は、償還期限が3カ月よりも6か月、6カ月よりも1年、1年よりも10年というように、償還期限が長期化するほど利回りが高くなり、それを結んでいくと右肩上がりの曲線を描くことができます。

仮に、イールドカーブが右肩上がりを1年間維持できたとすると、現在の10年債利回りは、1年後には9年債利回りの水準まで低下する（債券価格は上昇する）ことが見込まれます。

図表0—10に、2016年5月時点におけ

図表0-10 ● 償還残存3ヵ月までもが大きくマイナスを維持
―― 日本国債のイールドカーブ形状

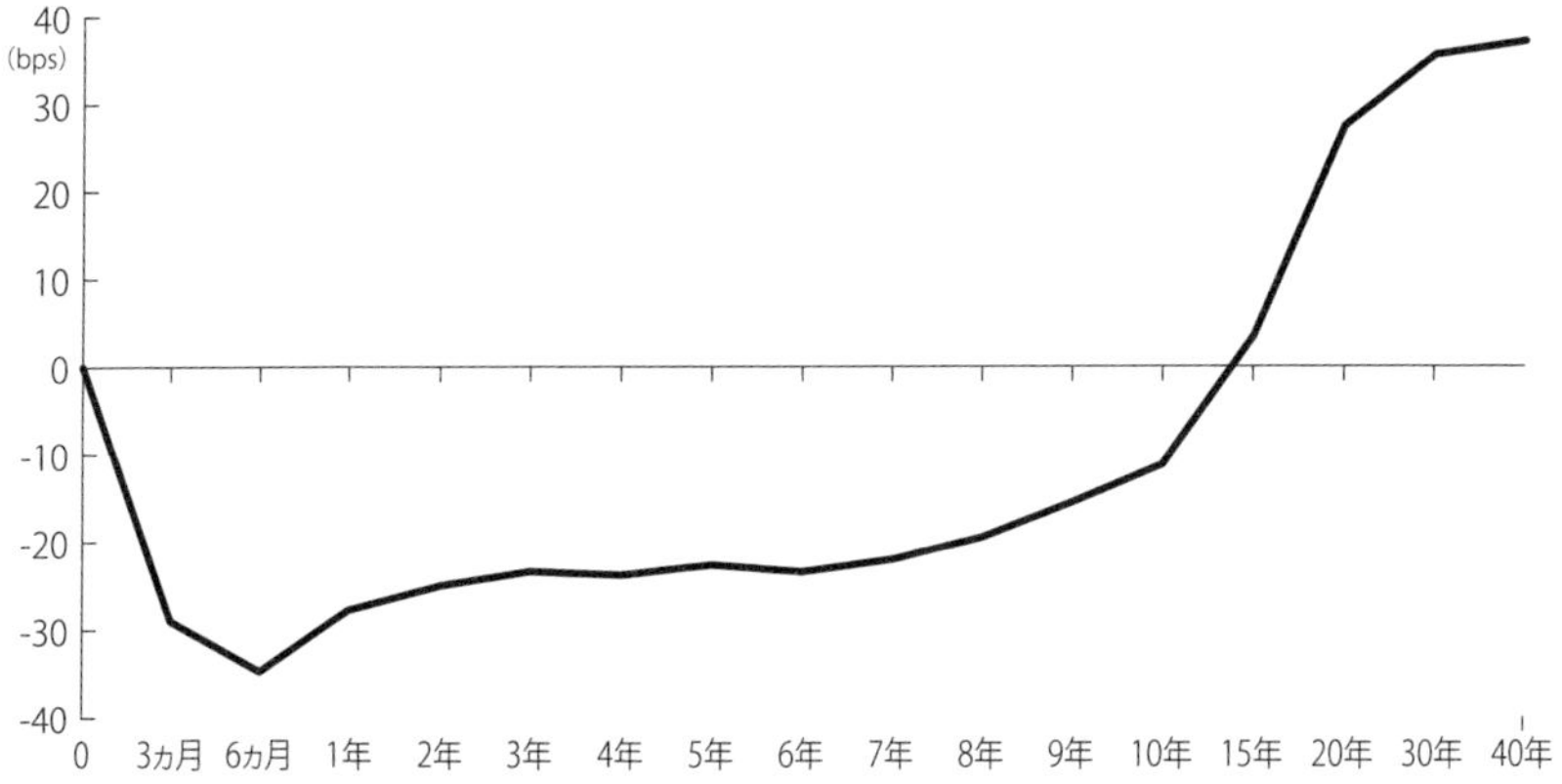

出所：ブルームバーグ社

る、日本国債のイールドカーブが示されています。注目していただきたいのは、国債金利は償還残存3カ月までもが、大きくマイナスを維持していることです。

イールドカーブがこのような形状を維持している限り、マイナスの利回りで10年国債を買ったとしても、最悪、償還直前までクーポン収入を確保しつつ、当該国債を保有し続けられます。前述したように、現在の10年国債利回りが1年後には9年国債の利回りまで低下する（債券価格は上昇する）と考えられるためです。

このまま長期金利がマイナスを維持するためにも、償還まで1年未満の短期国債（TB：Treasury Bills）金利のマイナス金利が、さらに深化することが不可欠になります。

なぜ、短期国債金利がマイナスになるかについては、先ほどと重複しますが、

①日銀オペで短期国債を市場から吸い上げていること

②ベーシススワップを活用することで、海外投資家がプラスのリターンを得られること

③短期国債の担保需要が存在すること

などの点が挙げられます。このうち①と②についてはすでに説明したとおりですが、③の「短期国債の担保需要」も重要です。

銀行などが資金調達する際には、短期国債が担保として活用されています。またデリバティブ取引においても、流動性の高い短期国債が担保として使われています。このような担保需要は、40兆〜60兆円くらいあるとの試算もあります（『週刊東洋経済』２０１５年2月15日号）。したがって、担保需要が旺盛

で需給がひっ迫すると、より深いマイナス金利で取引されることになります。

欧州における マイナス金利政策の現状

日本よりも先にマイナス金利政策を導入したのが欧州です。

デンマークでは2012年7月にマイナス金利が導入されました。その後、ECB、スイス、スウェーデンと立て続けにマイナス金利政策が採用されました。

これらマイナス金利を導入した欧州各国と日本の金利水準を比較したのが、**図表0—11**になります。

10年金利については、マイナスなのは日本とスイスだけですが、5年金利についてはすべての国でマイナス水準にあることがおわかりいただけると思います（2016年5月現在）。

図表0-11 ● 5年金利はすべての国でマイナス水準
—— マイナス金利政策導入国の金利水準

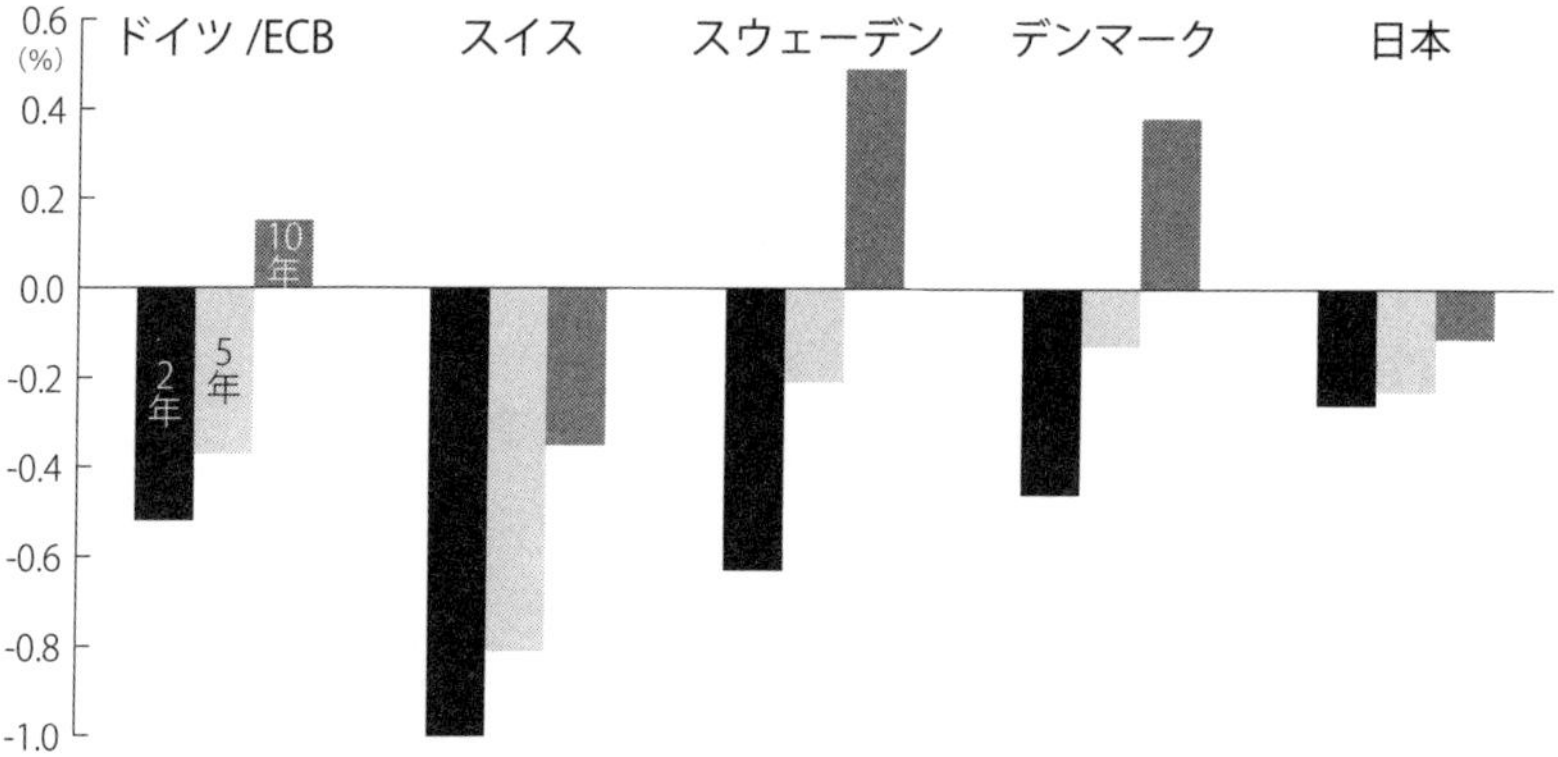

出所：ブルームバーグ社のデータに基づき作成

また、2年、5年、10年と比較すると、右肩上がりになっており、ロールダウン効果がプラスであることも共通しています。短い金利がマイナスになることで、それが「アンカー（錨）」の役割を果たし、金利水準全体を引き下げている構図となっているのです。

なお、日本の10年金利が低いのは、日銀が量的・質的金融緩和（QQE）により、発行された国債を市場から吸い上げていることにも起因していると考えられます。

マイナス金利政策の破壊力

よく考えてみると、マイナス金利が現実化したことによって、従来の金融の常識は、大きな転換点を迎えたのだと思います。金利の下限は0％であり、それ以上、下がることはないと考えられていましたが、マイナス金利の導入によって、この0％という垣根が完全に取り払われたのです。

一方、投資家は基本的にマイナス金利の債券を買うことはありません。前述したように、より高い債券価格で売却することを目的にした、キャピタルゲイン狙いの投資家はいますが、償還まで保有しようとする投資家は、利回りがプラスの債券しか購入しません。また内規により、マイナス金利の債券には投資できない投資家も一定数います。こうした、マイナス金利の債券に投資できない市場参加者のマネーが、大挙してプラス金利の債券に流れ込みました。

そして何が起きたのかというと、マイナス金利が導入されて以降も、しばらくプラスの金利を維持していた15年、20年、30年、40年という、非常に年限の長い債券を買う動きが活発化したのです（図

図表0-12 ● 年限の長い債券を買う動きが活発化
—— 日本国債イールドカーブと変化の度合い（2016年1月と2016年5月の比較）

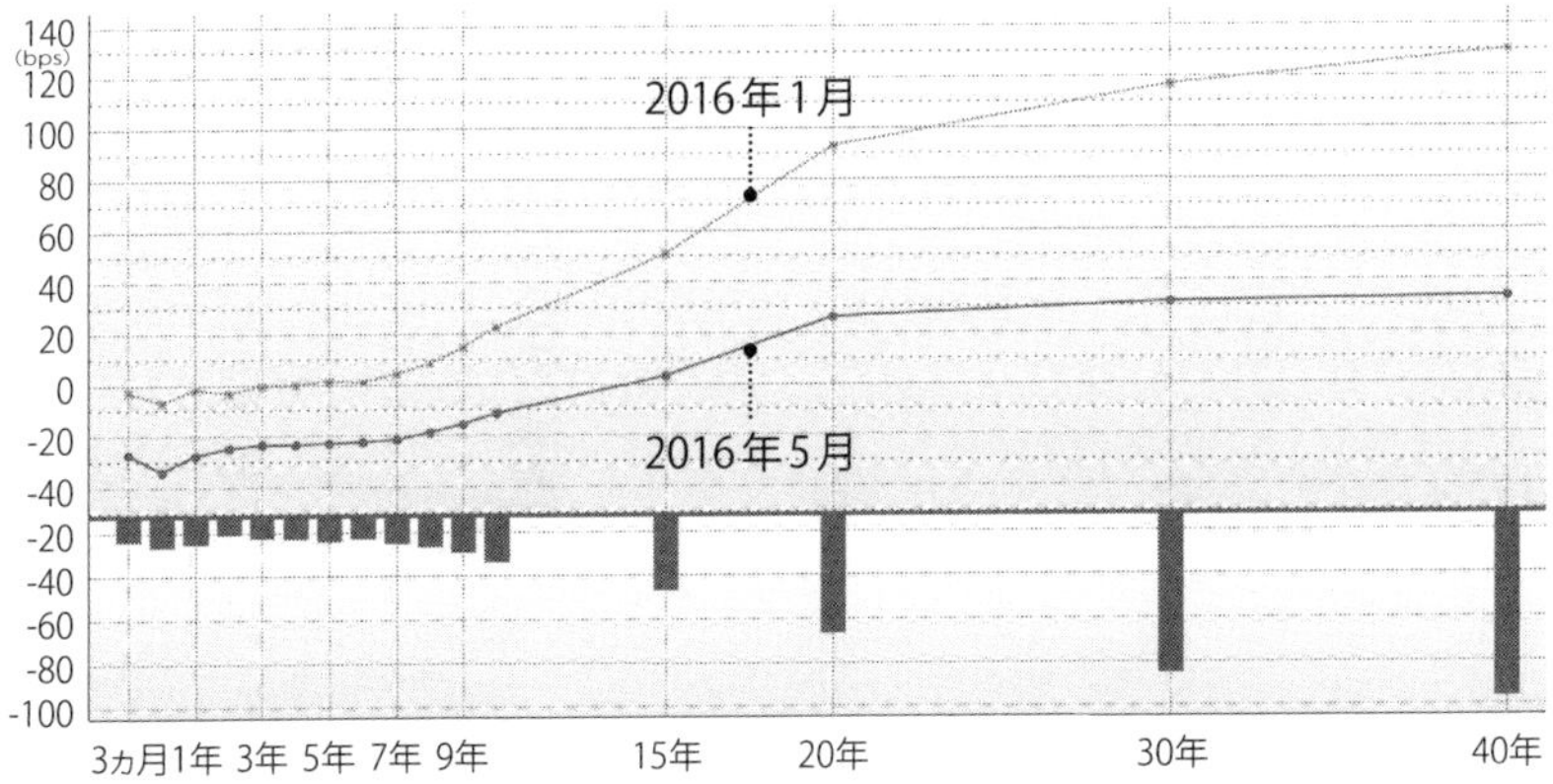

出所：ブルームバーグ社

図表0-13 ● 15年国債の利回りもマイナス水準に
—— 日本国債イールドカーブと変化の度合い（2012年12月と2016年5月の比較）

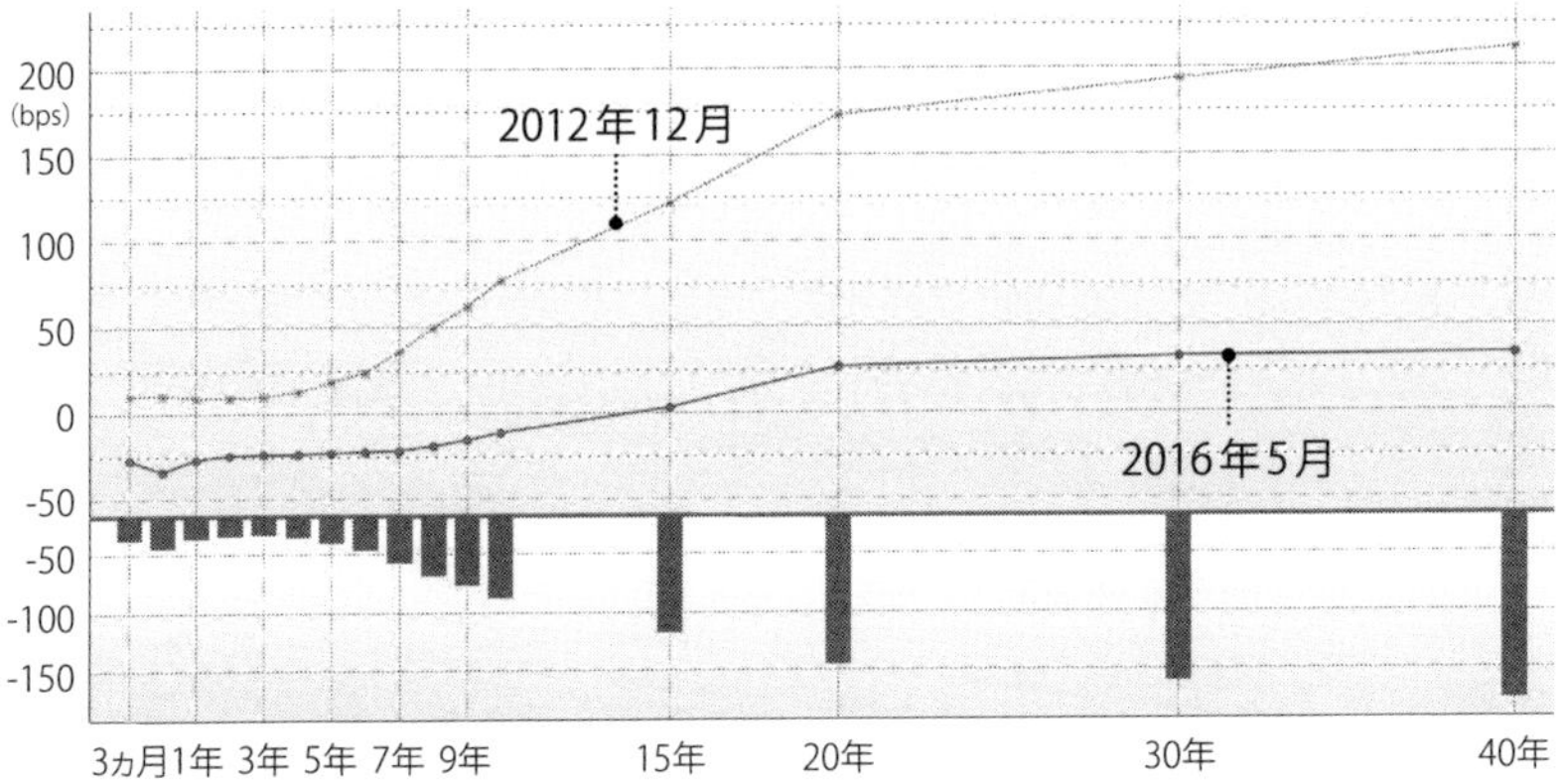

出所：ブルームバーグ社

表0―12）。その結果、10年以下の債券だけでなく、15年を超える年限の債券利回りも低下していきました。本稿を執筆している2016年7月時点では、すでに15年国債の利回りもマイナス水準に入っています（図表0―13）。

金融緩和も後半ステージに入ると、イールドカーブは「ブルフラット化」するのが定石です（第3章参照）。ブルとは「強気」のことで、債券がどんどん買われ、利回りが低下することを指しています。逆に、「弱気」はベアです。

ブルフラット化とは、債券市場が強気でどんどん買われ、あらゆる期間における利回りが低下して、イールドカーブが平坦（＝フラット化）になることを意味します。逆に、イールドカーブがどんどん右肩上がりになるのを「スティープ化」といいます。

黒田日銀緩和はまさに、金融緩和によってブルフラット化することを立証しました。このトレンドに合わせた投資をしていれば、大きな利益が得られたはずです。

マイナス金利政策の効果に市場は懐疑的？

一方で、従来の国債買入れが、そろそろ限界にきているという認識もあります。日銀はすでに、国債の新規発行額のほぼ100％を購入しています。にもかかわらず、なかなか実体経済への効果が現れてきません。

それどころか、マイナス金利の導入が銀行経営を圧迫するという見方から、銀行株が下落すると同時に、貸出も伸び悩むという状況も生まれています。

また、為替レートも、2015年8月につけた1ドル125円をピークにドル安が続き、2016年6月には1ドル＝99円台まで円高が進みました。皮肉なことに、マイナス金利を導入した後から、円高と株安が続いているのです（**図表0―14**）。

こうなると、金融政策による景気回復、デフレ脱却はむずかしいのではないかという見方も広まってきます。

仮に、マイナス金利政策が景気にプラスであるならば、イールドカーブは将来の景気回復を先取りしてスティープ化するはずです。

しかし、このようにイールドカーブがフラット化しているということは、まだまだ、マイナス金利の効果について、市場は懐疑的であると考えられるのです。

日本銀行の黒田総裁は、さらなるマイナス

図表0-14 ● マイナス金利導入後に円高と株安が続いている
――ドル円相場（2015年10月～2016年5月）

出所：ブルームバーグ社

金利は可能であるとの見解を持っているようです。実際、マイナス金利を導入している欧州各国と比較すると、日本の金利はまだ下げ余地があります（**図表0―15**）。

しかしながら、さらなるマイナス金利の拡大については、さまざまな問題点も指摘されています。

いま考えられる最も大きな問題点は、銀行経営に対する負の影響です。

一般的に、さらなるマイナス金利は、預貸金収益の減少につながると考えられます。ちなみに、マイナス金利先進国のデンマークにおいては、マイナス金利が適用されている住宅ローンもあります。

マイナス金利の住宅ローンとは、ローンの貸し手である銀行が、住宅ローンの借り手に対して金利を支払うものです。実際には、いろいろな名目で住宅ローンの借り手に手数料を課すことで、銀行はマイナス金利によって

図表0-15 ● 日本にはまだ下げ余地がある？
―― マイナス金利政策導入国の2年金利

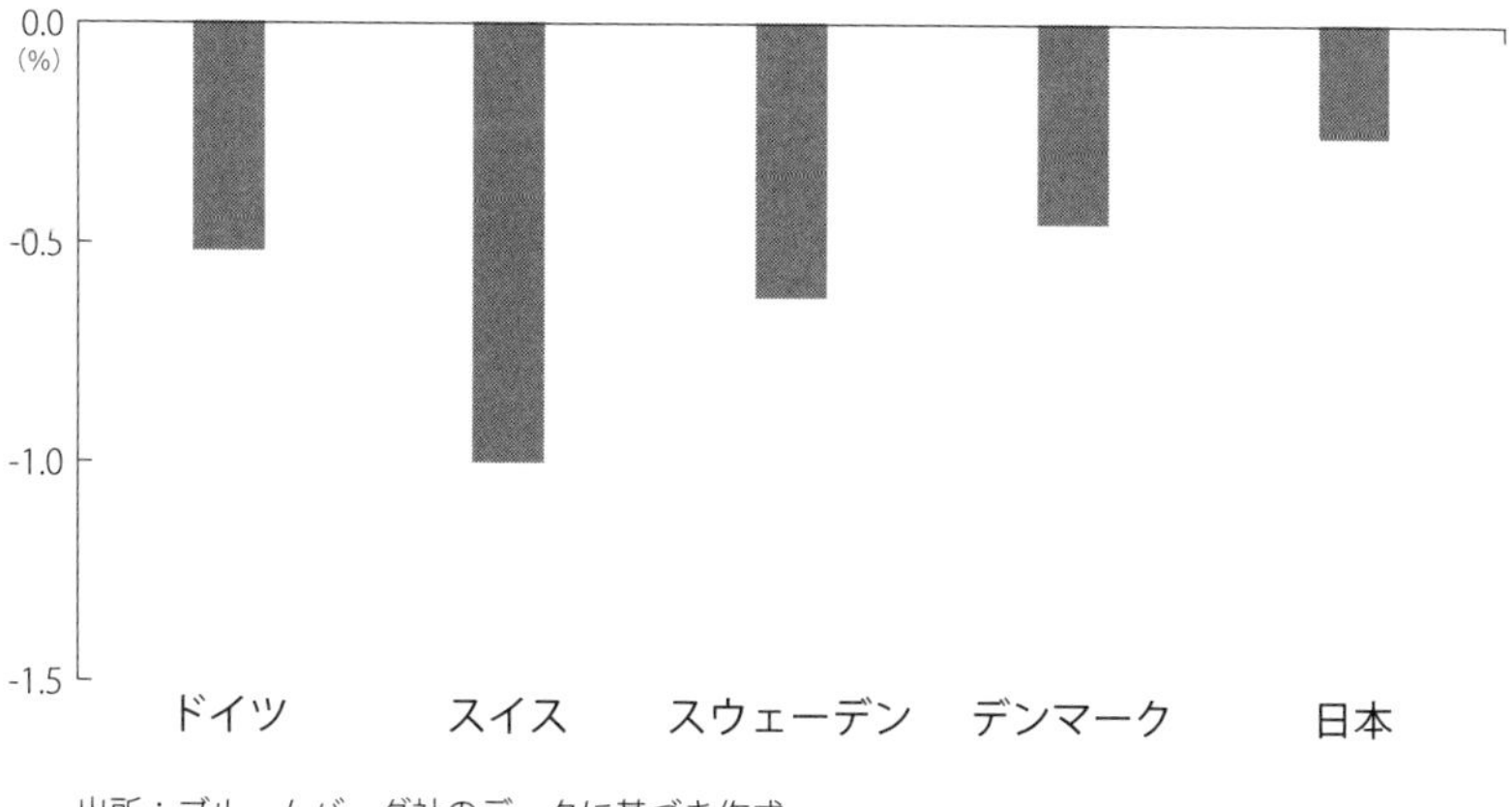

出所：ブルームバーグ社のデータに基づき作成

生じている利払い分を相殺していますが、いずれにしてもお金の貸し手が、お金の借り手に金利を払うというのは、歪な構造といわざるを得ないでしょう。

住宅ローン金利がマイナスになることで、住宅ローンの借り入れが促進され、一定の景気浮揚効果が認められるようになったり、あるいはマイナス金利の効果でもう一段の円安になったりすれば、マイナス金利政策に対する世論の支持も得られるかもしれません。

しかし、現状はマイナス金利政策を行なったことによって、景気にとって明らかにポジティブな効果が見えてきていません。何らかの効果が見えてこない限り、マイナス金利政策は失敗ということになります。今後は、マイナス金利政策をさらに推し進めるのかどうかについては、この先、実体経済にどのような動きが現れてくるのか、という点をチェックする必要がありそうです。

・P33 注1：日本銀行『最近の金融経済情勢と金融政策運営』2014年2月6日
・P35 注2：翁邦雄『日本銀行』（筑摩書房）2013年
・P36 注3：野口悠紀雄『虚構のアベノミクス』（ダイヤモンド社）2013年
・P36 注4：小幡績『リフレはヤバい』（ディスカヴァー・トゥエンティワン）2013年

第1章

UNDERSTANDING BONDS & INTEREST RATES

債券と金利の基本

債券とはそもそもどういうものか

一言でいえば誰かがお金を調達するための「借用証書」

3つの要素が重要

「債券」とは、簡単に表現すると、資金を調達する際に発行する「借用証書」です。

「債券」は、しばしば「債権」と混同されがちですが、両者は似て非なるものです。「債権」はお金を貸す側の権利を意味します。これに対して、お金を借りる側は、「債務」を負うことになります。一方、債券は「お金を貸す側の権利である債権を表象した有価証券」と考えてもいいでしょう。債券は株式と同じ有価証券の仲間です。

本章では近年、政府の借金問題、あるいは日銀のバランスシート問題などで常に議論の俎上に上ってくる「国債」を中心に、債券の基本的なしくみや、債券市場の構造などについて解説をしていきます。

まず、債券は以下の3つの要素で構成されています。ここでは、実際に発行された10年国債（341

回債）を事例にして説明していきましょう。債券の3要素とは、①発行体、②クーポン、③償還期限です。341回債でこの3要素について説明すると、

①発行体………日本国
②クーポン……年0・3％
③償還期限……2025年12月20日（初回払込日：2015年12月21日）

となります。つまり、誰が、どのような対価（コスト）で、いつ返済をするか、という3要素が、債券の重要な構成要素になるのです。

それでは、この3つの要素について、詳しく説明していきましょう。

債券の3要素① 発行体

債券は借用証書、つまり借金ですから、「誰がお金を借りるのか」という点を、まず押さえておく必要があります。

たとえば、政府（国）が発行したものは「国債」、地方公共団体が発行したものは「地方債」、公庫や独立行政法人など政府関係機関が発行したものは「政府関係機関債」、民間企業が発行したものは「社債」、債券の発行が認められている金融機関が発行したものは「金融債」と称されています。

第5章で説明しますが、債券が誕生した中世では、国が債券を発行するわけでは必ずしもありませんでした。たとえばイギリスでは、国王自身が私的な信用力で債券（Crown Debt＝国王の私債）を発行していました。また、イタリアの都市国家では、税金を担保にして債券を発行していました。したがって、イタリアの都市国家が発行する債券のほうが、イギリス国王が発行する債券よりも、信用力の面で優位だったケースもありました。

誰かがお金を借りるわけですから、債券に投資する場合、最初に発行体の信用力をチェックすることが肝心です。その一つの目安として、「格付け」が活用されています。

債券には通常、格付けが付与されています。これは、格付機関が政府や企業といった発行体の信用力を分析し、デフォルト（債務不履行）リスクに応じて信用力の度合いを記号によって表示したものです。

債券を発行した主体は、償還日に借りたお金を返済する義務を負っていますが、なかには償還日前に利子の支払いが滞ったり、償還日に元本が返済できなかったりするケースがあります。これが「債務不履行＝デフォルト」です。

投資家は誰しもデフォルトに直面したくないので、事前にその債券を発行する発行体の信用力などをチェックします。自前で財務分析ができれば、わざわざ格付けをチェックする必要はないのですが、それができない場合は、債券格付けをチェックするのが、債券のデフォルトリスクを把握する最も簡単な方法です。

格付機関の役割

債券の格付けは格付機関によって付与されていますが、格付機関といっても公的機関ではなく民間企業です。したがって、債券格付けは公的なお墨付きではありません。

日本では通常、次の5社（日系2社、外資系3社）の格付機関が付与している格付けが用いられています。その5社とは、

格付投資情報センター（R&I）
日本格付研究所（JCR）
ムーディーズ（Moody's Investors Service）
スタンダード&プアーズ（Standard & Poor's, S&P）
フィッチ（Fitch Ratings）

です。

各格付け機関はそれぞれのスタイルで、信用力の格付けを行なっています。通常はAが最も上位でB、Cと下がっていくにしたがって、リスクの高い発行体という表示形式になっています。

たとえば、格付投資情報センター（R&I）の場合は、次ページ**図表1－1**のような定義になっています。

格付けの定義は各格付機関によって若干異なりますが、おおむね類似しています。

図表1―1の格付けでBBB（トリプルBと呼びます）以上の格付けを有する債券を、「投資適格債」といいます。一方、BB（ダブルBと呼びます）以下の債券は「投資不適格債」、または「ハイイールド債」といいます。BBBとBB格では信用力に相応の格差があることから、ここで線引きがなされています。当然、BBBに比べてBBの債券のほうがデフォルトするリスクが高いと判断されます。

もっとも、BB以下であったとしても、投資できないわけではありません。米国では、ハイイールド債を取引する市場が確立しており、そこでBB以下の債券が活発に取引されています。ハイイールド債は、たしかにデフォルトのリスクは高いのですが、その分、利回りが高く、投資妙味があることから、人気の高いマーケットになっています。新興企業

図表1-1 ● R&Iの発行体格付け定義

AAA	信用力は最も高く、多くの優れた要素がある
AA	信用力は極めて高く、優れた要素がある
A	信用力は高く、部分的に優れた要素がある
BBB	信用力は十分であるが、将来環境が大きく変化する場合、注意すべき要素がある
BB	信用力は当面問題ないが、将来環境が変化する場合、十分注意すべき要素がある
B	信用力に問題があり、絶えず注意すべき要素がある
CCC	信用力に重要な問題があり。債務が不履行に陥る懸念が強い
CC	発行体のすべての金融債務が不履行に陥る懸念が強い
D	発行体のすべての金融債務が不履行に陥っているとR&Iが判断する格付

で将来、信用力が改善する見込みのある企業や、業績不振でBBに格下げされたものの、事業再構築により再び格付けが投資適格になると予想される企業などに先行投資するのです。こうした企業の債券は、格付けが向上したときに債券価格が上昇し、値上がり益が期待できます。

しかし、日本ではBB以下の債券市場は未発達であり、このレベルの企業が資金調達をする際には債券を発行して資金を調達する直接金融ではなく、銀行融資（間接金融）に頼らざるを得ないのが現状です。今後、日本においても、「ハイイールド債」市場が活性化して、企業の資金調達が多様化することが期待されています。

国債の信用力をどう判断するか？

政府が発行体となって発行される債券＝国債は、あらゆる債券のなかでも最上級の信用力を持つと考えられています。しかし、この20年くらいを見ると、「ラテンアメリカ危機」「アジア通貨危機」「ロシア通貨危機」「欧州債務危機」など、国債の信用力を問われる問題が幾度となく勃発しました。そこで最近話題になっているのが、国債の信用力、つまり「ソブリンリスク」をどう判断するかということです。

米国ハーバード大のロゴフ教授とメリーランド大のラインハート教授の研究によれば、1800年から2009年にかけて、公的セクターにおけるデフォルトは、対外債務（ある国の政府や民間企業、家計などが外国の政府や金融機関などに対して負担する債務）で少なくとも250の事例があるといわれています（注5）。

ソブリンリスクを判断するうえではいくつかの指標がありますが、その一つである政府債務の対GDP比率を見ると、日本が先進国最悪となっており、ソブリン危機は決して対岸の火事とはいえない状況にあります。

ソブリンリスクを見る場合、一般的には次のような事項に注目します。

①対内的な債務状況
②対外的な債務状況
③国民に対する徴税能力
④通貨発行権を有しているか？

①の対内的な債務状況とは財政赤字を指します。日本の場合、政府資産を保有していること、個人・法人部門が貯蓄余剰になっていることから、対内的な債務は吸収されていますが、債務残高が大きいため、今後の動向には留意が必要です。

②の対外的な債務状況とは対外純資産残高を指します。日本の場合、大きな対外純資産、外貨準備を保有しているため、当面は懸念がありませんが、最近は貿易赤字になることもあり、これも今後の動向には留意が必要です。

③の国民に対する徴税能力は、国民にどの程度、税金の負担余力があるかという点に依存します。税金の負担余力は、日本の場合でいえば、日本が生みだす付加価値、すなわち国民総生産です。国民総生産が上昇すればその分、国民の所得や企業の利益が増加するので、徴税能力は向上します。また

日本の消費税率は、欧米など他の先進国と比較して低水準であるため、徴税能力は十分に高いという見方もあります。

そして最後に④の通貨発行権を有しているか、という点です。日本の場合、円という通貨は国際的に流動性が高く、価値が安定した通貨と認識されています。通貨価値が安定していれば、それだけ内外における債務返済能力が高いとみなされます。

債券の3要素② クーポン

債券の3要素、その2は「クーポン」です。

「クーポン」とは「利札」、すなわち「利子（利息）」のことであり、債券の発行体が債権者、つまり債券を購入・保有している投資家に、借金の対価として定期的に支払うものです。国債にせよ社債にせよ、利払いは年2回行なわれるのが通常です。たとえば、前出の10年国債341回債を例にとると、6月および12月の年2回、利払いを行ないます。

クーポンは通常「％」で表示されます。これを「利率」といいます。最近ではマイナス金利政策によって債券利回りが低下、クーポンも歴史的な低水準にあります。

利子は額面金額に利率を乗じたものになります。この債券のクーポンは年0・3％なので、仮に額面1億円分、この国債を保有すれば、年に30万円（＝1億×0・3％）、年2回払いの場合は、1回あたり受け取る利息は15万円（30万円÷2）になります。

ちなみに株式の場合も利益に応じて、定期的に「配当」が支払われます。配当と利子の違いは、配当が「配当可能利益」、すなわち利益剰余金が生じて初めて支払われるのに対して、利子は確実に支払いがなされる点にあります。仮に債務者が利子の支払いを行なわなかった場合は、「債務不履行」、すなわち「デフォルト」が生じることになります。

債券の3要素③ 償還期限

償還期限とは債券の発行体が借り入れた債務を返済する日です。

借金はいつか返済する必要があります。前出の国債の償還期限は2025年12月20日ですので、債務はその該当する日に全額償還されます。仮に1億円、この国債を購入した場合、キャッシュフローは**図表1―2**のとおり

図表1-2 ● 利息の合計額が最終的なネットのキャッシュフローになる
—— 10年国債341回債のキャッシュフロー（1億円投資した場合）

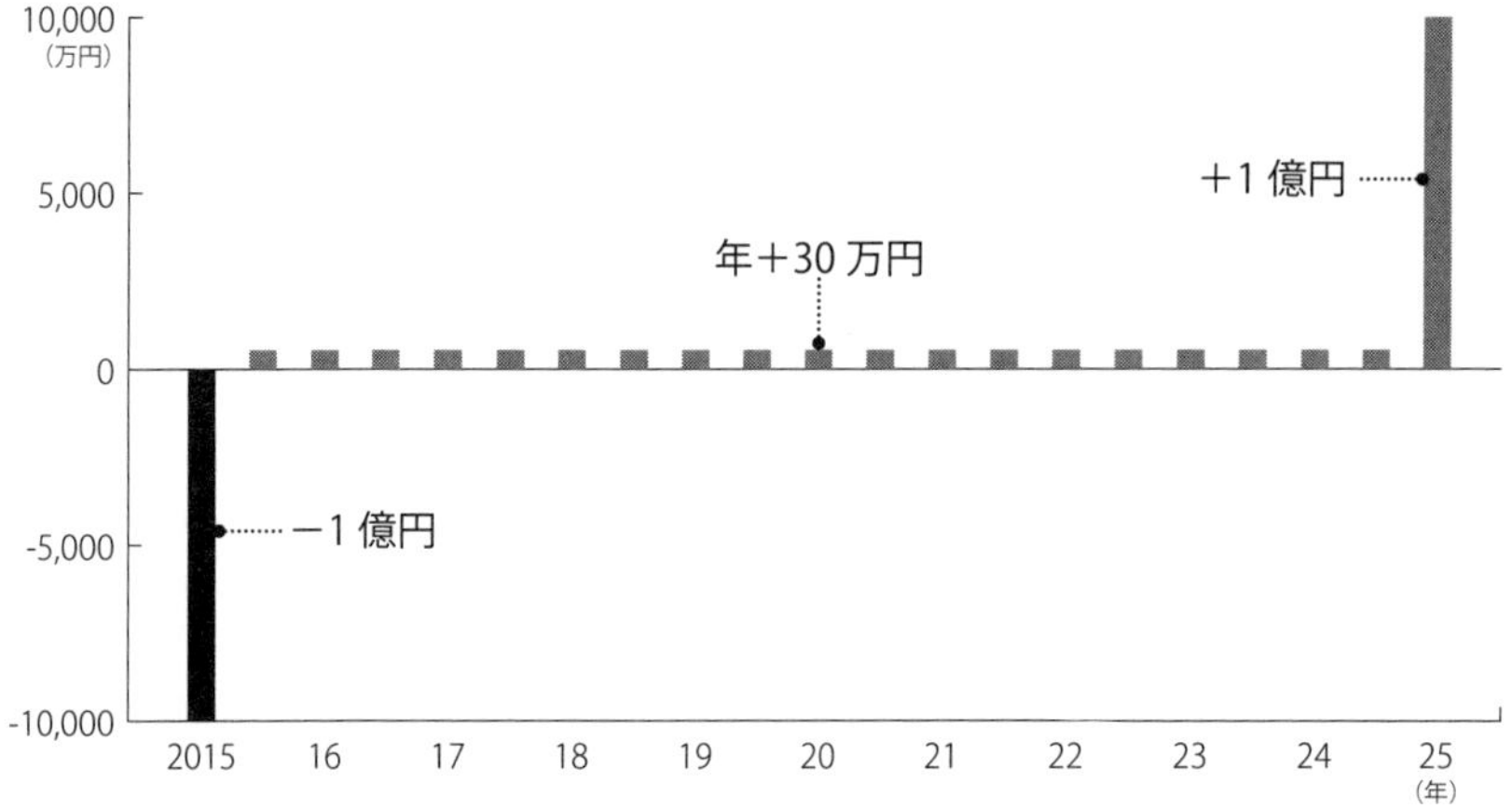

になります。なお、発行価格は100円と仮定します。

債券を購入した投資家は、初回払込日（この場合、2015年12月21日）に債券の購入代金として1億円を払い込みます。その後、年2回の利払い日に利子を受領した後に、償還期限に払い込んだ元本である1億円の返済を受けます。途中で価格変動があるものの、最終的なネットのキャッシュフローは、利息の合計金額であることがおわかりいただけると思います。

債券の本質とは何か？

以上見てきたとおり、債券を保有する投資家は、償還されるまで安定したキャッシュフローを獲得する「権利」を有することになります。この点が、会社の所有権を得ることになる株式との大きな違いになります。つまり、債券投資は発行会社の信用力を前提に、確定したキャッシュフローを獲得することが主目的であるのに対して、株式投資は発行会社の所有権を得て、その成長力に投資するのが主たる目的になります。

もちろん、債券投資の場合でも、値上がり益の獲得を目指す場合もありますし、逆に株式投資の場合でも、配当を目的としたインカムゲインを目指す投資法もあります。しかし、債券の「本質」はキャッシュフローの獲得であり、したがって究極的なリスクは発行体の「信用力」になるのです。

債券について「価格下落リスク」が懸念されますが、これはあくまでも、ある一時点における評価損失のことであり、満期まで保有することを前提とするならば、デフォルトが発生しない限り、最終的に投資家の投資元本は戻ってきます。
　したがって債券投資では、発行体の成長力ではなく、債務返済能力の有無が問われることになります。ですから、社債の場合であれば、いくら勢いよく成長している企業であったとしても、債務が返済できない状況に陥るリスクが高ければ、債券投資の対象としては、リスクが高く、それだけ利率も高いものが要求されます。逆に国債のように、相対的にリスクが低い債券は、利率が低くなります（**図表1―3**）。

図表1-3 ● 国債と事業債の違い

信用力	商品	利回り
高い	国債	低い
低め	事業債	高め

LECTURE 1－2

債券に投資する方法（その1）新発債市場

新車を買うときのことを考えるとわかりやすい

新発債市場と流通市場がある

債券はどのようにして購入する（投資する）のでしょうか。

債券市場には、新発債市場（プライマリー・マーケット）と流通市場（既発債市場、セカンダリー・マーケット）があります。クルマにたとえると新発債は「新車」、既発債は「中古車」です。

クルマは工場で生産された後、新車ディーラーでお客さんに「新車」が販売されます。一定の期間、クルマに乗った後は、中古車市場で売買されることになります。債券の場合も、新しく発行された債券を購入するのが新発債市場であり、その後で換金するために売買するのが流通市場です。一般的に市場といえば、どちらかというと流通市場を思い浮かべる方が多いと思います。実際、株式市場で個人の投資家が売買をするのは流通市場ですが、クルマの例を思い浮かべてもわかるように、最初に債券が発行されて、購入されるのは、「新発債市場」です。

日本で最初の国債が発行された明治時代には、流通市場は整備されておらず、売買は活発でありませんでした。戦後になっても、金融機関が引き受けた国債については売却制限が付されており、日銀に買い取ってもらうことで換金をしていました。当時、日銀は成長通貨（経済の成長によって増えた、経済にとって必要な通貨量）を供給するという前提で、発行1年以内に金融機関から国債を買いオペレーションという形で吸収していたのです。

しかしながら、国債の発行額が増加するにつれて、日銀だけでは国債を吸収しきれなくなり、国債を市場で売却できる流通市場の整備が必要になってきたのです。1985年に、銀行の国債フル・ディーリングが認可されました。それまでは、一部の残存期間の国債の売買が禁じられていましたが、これらがすべて解禁され、銀行は手持ちの国債を自由に売買できるようになったのです。それ以降、急速に流通市場が発展を遂げました（187ページ参照）。

新発債市場と流通市場はクルマの両輪です。なかでも新発債市場を理解すれば、債券市場に対する理解が深まります。ですから、ここではまず新発債市場について説明を進めていきます。

新発債市場のしくみ

債券を発行することを、「起債」といいます。起債には「直接発行」と「間接発行」があります。「直接発行」とは、債券を発行する発行体が自ら発行手続きを行ない、債券を募集する方法です。これに対して「間接発行」は、証券会社など新発債の発行手続きに精通した主体を介して、債券を募集する形式です。国債など国が発行体になる場合は直接発行、一般の企業が発行体になる事業債の場合は間接発行という形式がとられています。

ここでは、最も大きな新発債市場である、国債の発行について詳しく見ていきます。

国債の発行方式は、市中発行といって広く投資家を勧誘するか、公的部門で消化するかのいずれかですが、現在は公募入札による市中発行という形がとられています。

1966年1月に戦後初めて国債の発行が開始された当初は、銀行・証券といった金融機関の国債引受けシンジケート団（金融業者の連合）による引受けと、郵貯・簡保資金を原資とする資金運用部（資金運用部資金法に基づいて、郵貯などの資金運用部資金を管理運用するために設けられた政府機構）による引受けという形がとられていました。

その後、市場が成熟するにつれて、シンジケート団による引受けの割合は順次減少し、2008年3月にシンジケート団による引受制度は終了、完全な価格競争入札形式に移行しました（ちなみに、国債の入札スケジュールは財務省のホームページで公開されており、誰でも確認できます）。

価格競争入札は、野菜や魚の競りや骨董品のオークションを思い浮かべていただければ、わかりやすいと思います。

クーポン0・3%の10年国債入札を例に、国債の入札について説明しておきましょう。

10年債を始め、日本で発行される国債の大部分（40年債を除く）は、価格競争入札・コンベンショナル方式によって発行されています。

コンベンショナル方式では、事前にクーポン（この事例では0・3%）が設定されていて、入札応募者から価格による札を受け入れることになります。入札価格の高い者から順次割当を行ない、最終的に発行予定額に到達した段階で打ち切りとなります。入札の参加者は、自ら入札した価格で国債を買い付けることになります。これは、野菜・魚の競りでも価格の高い者が優先的に買い付けることができるのと似ています。ちなみに、当該国債のクーポンは入札日の午前10時30分に、市場の取引価格などを参照して財務省から発表されます。

この日の10年新発国債の入札結果は**図表1—4**のとおりでした。

外国債券では一般的ではありませんが、日本の債券には回号が付されています。たとえば341回債は、最初の10年債から数えて341番目に発行される債券ということになります。仮に同じ条件で発行される場合は、「リオープン」といって、同じ回号に銘柄統合されます。

そして、償還期限において債券が償還となり、その日に元本が返済されます。また、国

図表1-4 ● ある10年新発国債の入札結果

入札日	2016年1月5日
回号	341
償還期限	2025年12月20日
表面利率	0.3%
平均利回り	0.2540%
最高利回り	0.2580%
平均落札価格	100.44
最低落札価格	100.40
案分比率	95.9208%
発行予定額	2兆2000億円程度
応募額	7兆1069億円
割当予定額	2兆1861億円
応札倍率	3.25

債の償還月は3月、6月、9月、12月の4種類です。

表面利率はクーポンのことです。日本の10年債は年に2回の利払いがあります。12月債の利払いは6月と12月になります。10年国債の発行月と利払い月の関係は、次のようになります。

3、4、5月発行……3月、9月利払い
6、7、8月発行……6月、12月利払い
9、10、11月発行……3月、9月利払い
12、1、2月発行……6月、12月利払い

前述したように、コンベンショナル方式の場合、応札利回りが低い(価格が高い)順番で、優先的に入札者に対して割当がなされていきます。そして、割当予定額を満たした段階で配分を打ち切ります。つまり、最も高い利回り(低い価格)で割当を受けた札が、最も運良く、安い価格で債券を購入できた、ということになります。

その利回り・価格を最高利回り・最低落札価格といいます。平均利回り・平均落札価格は、落札されたすべての札の加重平均になります。

平均落札価格と最低落札価格の差を「テール」といいます。このテールが短いほど強い入札、テールが長いほど弱い入札と判断されます。なお案分比率とは、最高利回り・最低落札価格で割当を受けた場合に付与される割合です。このケースでは、案分比率は95%なので、いちばん安く買えたとしても、95%の配分しか受けられません。

応札倍率は応募額を割当予定額で除したもので、この倍率が高いほど人気のある入札、低いほど弱い入札であることを意味します。前述したテールと組み合わせると、応札倍率の高い入札はテールが短く、応札倍率が低いほどテールは長くなる傾向があると考えられます。

ちなみに341回債の入札結果を見ると、テールは4銭と短く、応札倍率も3・25倍と高めなので、まずまずの結果といってもいいでしょう。ちなみに、応札倍率は3倍を超えれば高いというのが基準です。

なお、発行予定額に比べて割当予定額が少なくなっていますが、これは、この競争入札以外に、少額の参加者も購入できるように設けられている「非競争入札」が存在しているからです。非競争入札は発行予定額の10％を限度に、競争入札の加重平均価格を発行価格として行なわれています。

LECTURE 1-3

新発債市場での入札の実態

金融機関同士の駆け引きが垣間みられる

入札はとてもエキサイティング

入札はとても重要なイベントです。なぜなら、マーケット参加者の相場観や債券を巡る資金の流れが、入札に凝縮されているからです。

ただ、債券市場は金融機関が主な参加者となるプロのマーケットなので、重要イベントである債券の入札についても、それが詳しくメディアで報じられることはありません。そこで、せっかくですから入札の現場がどうなっているのかを、本書で再現してみましょう。

入札のスケジュールは、財務省のホームページに掲載されています。通常、1カ月のサイクルで見た場合、月初から、10年、30年、5年、20年、2年の順番で行なわれます。加えて、短期国債（2カ月、3カ月、6カ月、1年）、流動性供給入札（国債市場の流動性を維持・向上することを目的に、市場で品薄となっている国債銘柄を追加発行すること）、40年入札と物価連動国債があります。

クルマでもテレビなどの電化製品でも、できるだけ安く割引価格で買いたいと思うのと同じで、債券も市場参加者はできるだけ安い価格で購入したいと考えています。そのため、入札に向けて、該当する年限の債券は、市場での取引価格が相対的に安くなっていきます。つまり、証券会社の債券ディーラーをはじめとする市場参加者が入札に向けて債券を売却し、債券価格を下げる（利回りは上昇する）のです。売却の方法には、該当する年限の既発債の売却と新発債をＷＩ（When Issued＝発行前取引）で空売りする場合があります。このように、入札に向けて債券価格を安くする行為を、コンセッション（concession）といいます。

入札においては、新規の債券が市場に大量供給されるため、需給バランスが一時的に崩れます。それを予想して、事前に債券を売却するのは、市場参加者として極めて合理的な行動です。入札に向けて債券価格が安くなり、入札で購入した後で値上がりするのが理想的な展開です。

また、入札に参加する投資家は、情報収集を通じて、落札価格の「落とし所」を予想します。入札に際しては、以下のような要素が重要になります。

①投資家（リアルマネー）の動向
②債券ディーラー（証券会社）のショートポジションの深さ
③水準観

入札の強弱を決める最大の要素は、投資家需要の強さです。通常、入札には、銀行、保険、年金、それに海外勢といった投資家が参加してきます。入札前、債券ディーラーが該当する年限の債券を売れば売るほど、債券価格が大きく値下がりするため、入札結果は債券価格が安く、利回りは高めに決まります。前述したように、それは市場参加者にとって理想的な発行条件になるのですが、問題はその後の買いが続くかどうかです。投資家需要が少なければその後の買いが続かず、逆に債券は売られやすくなり、投資家の買いがしっかり入った入札だと入札後の債券価格は上昇しやすくなります。

証券会社はある程度、債券の在庫を保有して、投資家の買い注文に応ずる必要があります。コンビニに行って、棚におにぎりやヨーグルトなどの商品が品切れになっていたら顧客が逃げてしまうのと同じく、証券会社は在庫として債券を保有しておかないと、いざ投資家から大口の注文が入ったとき、それに対応できません。したがって入札は、証券会社が在庫として持っておく債券を仕入れるための重要な機会なのです。ですから、投資家の需要が強く、かつ証券会社の債券ディーラーのショート(売りポジション)が深いときほど、入札後、相場が急激に上昇する可能性が高まります。

③の水準観についても、簡単に説明しておきましょう。

マーケットは総じて切りのいい数字を好む傾向があります。為替であれば、ドル円で1ドル=100円とか、株式でいうと日経平均1万4000円といった区切りのいい数字が好まれます。これが債券の場合だと、1%とか0・5%というレートが節目の数字になります。たとえば、マーケットが0・5%近辺にいる場合、0・5%ではある程度買いが見込まれると考えて札を入れるという戦略をとることができます。もっとも、入札結果が切りのいい結果になるとは限りません。相場が強い場合、切りのいい数字の手前で入札が決まるケースが多いのです。マーケットの水準も入札を占ううえで、一つの重要な要素ということができます。

入札は心理戦

先ほど、入札では情報収集が重要であることを指摘しました。しかし、市場にはさまざまな、雑情報が飛び交っています。

マーケットの参加者はできるだけ安く、債券を購入することを狙っています。そのため、入札前にできるだけ債券価格を引き下げるため、売りを行なうわけですが、それと同時に、意図的に強気なトーンは伏せておくのが、ある意味合理的な行動といえます。先ほど、入札にはコンセッションが行なわれると述べましたが、入札に向けてマーケットをトークダウン（安く誘導する）するのは、一般的な市場行動なのです。

入札日の締め切りは、12時（正午）です。したがって前場は、入札に向けて最後のポジション調整が行なわれます。この前場の動きも入札に向けての重要な情報を与えてくれます。大手の投資家は入札日まで買い控えていることもあり、買い需要が旺盛の場合は、事前に前場から少しずつ買いを入れてきます。もし前場で出来高が膨らむようであれば一定の注意が必要です。大手の投資家が買いにきており、後場から一気に価格が跳ね上がる可能性があります。

前場が引ける11時から12時までに札入れが行なわれます。通常、証券会社など入札参加資格のあるプライマリー・ディーラー（国債の安定消化を図るために、財務省が一定の責任を果たす市場参加者を指定しているもの）では、11時の前場が引けたタイミングで社内ミーティングが行なわれ、各自が得た情報をぶつけ合って、札入れのレベル・量を確定させていきます。その間にも投資家の札が順次入ってくるので、その分を調整しながら、平均価格・最低落札価格の水準観を固めるのです。

これに対して投資家の側は、取引証券会社から入札の状況を聞き出して、総合的な投資判断を下していきます。

ここから先は推理の域になります。どの情報を使い、どの情報を捨てるか、市場参加者の「読み」が試される瞬間です。

札入れは11時40分前後に終了するので、その後は食事に行って休憩です。後場の相場の動きをシミュレートしながら結果発表を待ちます。

入札結果は、12時45分に発表されます。

好調な入札、つまり、入札倍率が高かった場合、その後マーケットが上昇するケースが多い一方、低調な場合は逆に反落します。もちろん、入札結果を見て下落したところを買うという戦術に出る投資家もいるので、一筋縄ではいかないのですが、入札の結果が、その後の相場の流れを決めてしまうケースも多くあります。

マイナス金利時代の入札の実情

ここまでは従来の入札の流れについて説明してきました。しかし、マイナス金利の時代になると、必ずしも従来の手法が通用するとは限らなくなってきました。

マイナス金利ということは、償還されるときにはその「プレミアム部分」つまり買ったときに額面を超えて支払った金額は、期限がきたときに支払われる償還額には含まれません。このため、リアルマネーの投資家は、償還金額が購入した金額よりも低くなってしまい、損をしかねないので、参加は極めて限定的なものになります。それでも入札がマイナス金利で取引が成立する理由は、前述したように日銀がマイナス金利でも買い入れてくれるという前提があるからです。

日銀オペ（金融機関とのあいだで国債などの金融資産の売買を行なうこと）は入札の翌営業日に入ることが多いので、極端な場合はそこでの売却を前提に落札されることも珍しくありません。もちろん、その場合も、日銀が落札価格より高い値段で購入してくれる保証はどこにもありません。

日銀オペは、午前中の引け＝11時の市場価格が参照されることから、それまでに債券価格の上昇が見込まれるならば、入札で購入するメリットが享受できるというわけです。

入札結果の読み方

入札には大きく分けて、あらかじめクーポン（表面利率）が定められている価格競争入札（コンベンショナル方式）と、利回り競争入札（イールドダッチ方式）があります。ここでは、価格競争入札について、そのポイントを挙げてみます。

①最高落札利回り・最低落札価格

事前予想と比べて、最高落札利回りが低ければ（最低落札価格が高ければ）、その分落札できなかった市場参加者が多いことを意味します。債券ディーラーが、落札の価格をできるだけ下げるためにショートポジションを組んでいた場合、その分、入札発表後のマーケットで、ショートポジションを解消する必要があります。その際、債券を買い戻す形になるため、債券価格を押し上げる作用が働きます。この状態を「スクイーズ」といいます。

②テール

前述したように、テールとは平均落札価格と最低落札価格の差です。強い入札ほど最低落札価格が高くなるため、テールは短くなります。場合によっては、平均落札価格と最低落札価格が一致するケースもあります。これが最も強い入札結果です。逆に、テールが長くなる場合は、本来買いたいと思っている市場参加者はすべて買えており、余剰玉が在庫となっているので、債券価格は下がりやすくなります。もっとも、テールが長くなった結果、流通市場では入札に参加しなかった投資家が安く買える状態にあるので、その後、投資家が買ってきた場合は、逆に在庫がさばけて、債券価格が上がるケースもあります。つまりテールが長くなったとしても、必ずしも悪い結果にならないところが入札の面白いところです。

③応札倍率

応札倍率とは、応募額を割り当て予定額（発行額）で割ったものです。この数字が高いほど、需要が大きいということになり、強い入札結果になります。どの程度が強いかを判断するため、過去の入札結果と比較することも大切です。入札によってこの倍率の高さが異なるからです。一般的には、応札倍率が3倍を超えていれば良好な入札といえるでしょう。長期債の入札で4倍とか5倍という応札倍率であれば、かなり強い需要があった、との結論になると思います。

④直差し札

一部の大手投資家は入札の際に業者を通すことなく、直接、日銀ネットを通じて札を入れることができます。これは公式にはわからない数字なので、ヒアリングベースで推定しなくてはならないのですが、基本的な考えとしては、投資家が直接入札に参加した比率が高いほど、入札玉が市場に出回らなくなり、その分価格が上昇しやすくなります。

LECTURE 1－4

債券に投資する方法（その2）流通市場

中古車を買うときのことを考えるとわかりやすい

日本国債の流通市場の誕生

国債の大量発行時代になり、流通市場の整備が進んだことは先ほど述べたとおりです。流通市場は債券を換金する場でもあります。クルマであれば、中古車市場です。別名、セカンダリー・マーケットとも呼ばれています。

流通市場は1985年（昭和60年）の金融機関のフル・ディーリング解禁が契機となり、発展を遂げました。フル・ディーリングと合わせて開始されたのが債券先物取引です。1985年10月に債券先物市場が東京証券取引所に創設されました。債券先物取引はクーポン6%、残存期間10年という架空の債券を想定して、これを標準物として取引するものです。

当時はまだ、現物債の流動性が充分ではありませんでした。したがって、現物債の流動性を補完するうえで、債券先物の果たした役割は非常に大きなものがありました。

債券先物取引が始まる前にも、「指標銘柄」なるものが存在していました。指標銘柄は、長期国債のなかで発行量の多い銘柄が、自然発生的に選定された「選ばれし者」だったのです。市場参加者は、指標銘柄に売買を集中させることで流動性をつくり出し、流通市場での売買を成立させやすくしていました。ちなみに、指標銘柄は日本の債券市場が生み出した独自のものですが、その後、徐々に債券先物市場が拡大するにつれて、指標銘柄の役割は後退していきました。

ところで、フル・ディーリングが解禁された1985年には、プラザ合意後の円高を抑制するため、金融が緩和され、長期金利は大幅に低下しました。銀行や証券会社などが指標銘柄を対象に集中的な売買を行なった結果、指標銘柄の利回りは公定歩合の2・5%に限りなく近いレベルまで低下しました。その結果、指標銘柄だけが、金利の期間構造から見て極端に低い、歪なイールドカーブを生み出しました。

しかし当然のことながら、このような「腕力相場」は長くは続きませんでした。

1987年5月、当時の指標銘柄は2・55%をつけた後に急落、損失は事業会社にも及び、9月にはいわゆる「タテホ・ショック」（財テク企業として有名だったタテホ化学工業の国債先物取引の失敗による巨額損失。これに伴い、日本の債券相場全体が暴落した）が発生しました。

1987年時点で、指標銘柄の取引シェアは、日本相互証券（債券の流通市場の整備を図るため、証券取引審議会の答申を受けて1973年に多数の証券会社を株主として設立された証券会社間の取引を仲介する証券会社）においては90%近くありました。それだけ指標銘柄に取引が集中していたのです。

しかし、その後は店頭オプションや空売りを可能とする債券貸借取引が導入されたため、指標銘柄の周辺銘柄で裁定が進み、指標銘柄への集中度は薄れていきました。1995年には指標銘柄の取引シェアは50％まで低下しました。そして1999年に指標銘柄は消滅しました。現在は、市場における流動性が向上し、10年債を中心にして、直近に募集が行なわれた、いわゆる「カレント銘柄」が最も高い流動性で取引されています。

流通市場のプレーヤーたち

流通市場の取引参加者は、バイサイドとセルサイドに分けられます。

バイサイドは、簡単にいえば債券に投資することで収益を得ている投資家です。発行市場と同様に、銀行、保険会社、年金、外国人などのバイサイド投資家が参加しています。

しかしながら債券市場の場合、投資家同士が相対で取引を約定することは稀です。通常は「マーケットメイカー」と呼ばれる証券会社など、セルサイドの業者が介在します。

セルサイドの証券会社で、債券の売買に従事しているのが「債券ディーラー」です。債券ディーラーは、その役目に応じて、カスタマー・ディーラーとプロプライエタリー・ディーラー（プロップ・ディーラー）に分かれます。

顧客に対して、債券の買値と売値を提示するのは、カスタマー・ディーラーの役目です。カスタマー・ディーラーは、顧客が買いたい場合は「オファー（売値）」を、売りたい場合は「ビッド（買値）」を提示します。

顧客からの注文を受け付けるカスタマー・ディーラーに対して、自己ポジションを保有して売買するのが、プロプライエタリー・ディーラーです。プロプライエタリー・ディーラーは、所属する証券会社、銀行の自己資金を用いて債券のディーリングを行ない、収益を上げる役目を担っています。ただ実際には、カスタマー・ディーラーとプロプライエタリー・ディーラーの厳密な区別がない金融機関もしばしばあります。

ディーラーというと、売買で利益を得ているギャンブラーというイメージでとらえる方も多いと思うのですが、実際には、市場に流動性を供給するという、とても重要な役割を担っています。ディーラーが売買をして市場に厚みをもたせているから、投資家が望む価格で売ったり買ったりできるのです。これは、為替でも株式でも商品相場でも同じです。

流動性がなければ、投資家は換金したいときに売ることができませんし、買いたいときに買うこともできません。流動性は空気や水のようなもので、普段はとくに気にならないものですが、何かの事情で流動性が枯渇すると、マーケットは極めて危険な場になります。それだけに、市場に流動性を供給し続けるディーラーの存在、役割は重要なのです。

債券市場の売買のルール

債券は株式と異なり、市場集中義務（株取引において証券会社が顧客投資家から売買注文を受け付けた場合は、必ず証券取引所に注文を流して取引を集中させなければならないという規定のこと）がないため、大部分の取引は店頭での相対取引になります。店頭とは具体的には、証券会社のことを指します。

前述したとおり、マーケットメイカーはオファー価格とビッド価格の双方を投資家に対して提示します。たとえば、10年国債であれば、

0・700―0・705％

というように提示されます。投資家から見た場合、「この10年国債を買う場合は0・700％、売る場合は0・705％の利回りになりますよ」という意味です。このように金利（単利）でビッド・オファーが表示されるのは、日本の債券市場の方式です。

これが米国になると、

98―24＋／98―25

というように、価格で表示されるのが普通です。これは、買い手側の価格は98・24／32ポイント、つまり、98・75、売り手側は98・25／32＝98・125ポイントで売ります、という意味です。米国の債券市場では、伝統的に、価格を10進法ではなく、32進法で示します。

また、日本の債券市場では、前日の引け値からどれくらい乖離しているか、という観点からの価格の呼び方もあります。

前日引け値は、日本証券業協会やプライマリー・ディーラーなどが午後3時時点の価格を発表していますが、たとえば、前日の引け値が0・700％で現在の価格が0・690％であれば、「1毛

表示法は、日本の債券市場固有の言い回し方です。

5％金利が低下している場合は、「5糸強《しづよ》」といいます。「毛《もう》」とか「糸《し》」といった尺貫法に基づいた

「強《つよ》」と呼びます。逆に金利が上がっている場合、「1毛甘《もうあま》」という言い方をします。仮に、0・00

強」という言い方をします。1毛とは1bps＝0・01％のことで、金利が低下している場合

日本国債は「村」？

このように、日本でしか通用しない取引慣行や水準感があることから、日本国債市場はしばしば「債券村」とか、「JGB（Japanese Government Bond）村」と呼ばれています。

しかし、従来は日本国債の取引参加者の大部分は国内投資家だったものが、最近は日本国債を購入する外国人投資家が増加してきます。まさに、日本国債が「国際化」してきたのです。

なぜ、日本国債の「債券村」に外国人の住民が増えてきたのでしょうか？

第1の理由は、日本国債の流動性は米国債などと並んで世界で最も高く、極めて安定性があり、換金性の高い市場であることです。

第2の理由は、金利格差の是正です。従来、日本経済は長期デフレ状態にあったことから、世界のなかで突出して低い金利水準でしたが、2008年の世界的な金融危機を経て、先進各国の金利水準も大幅に低下したため、日本との金利格差が縮小し、相対的な割高感がなくなってきました。とりわけ近年、欧州でマイナス金利政策が採用され、相対的に円金利のほうが高いという状況も珍しくなく

なりました。

第3の理由は、海外投資家の保有が少ないことです。第1、第2の理由から、海外投資家による日本国債の保有比率は低いのですが、その分、海外投資家の買い余地が大きいといえます。

第4の理由は、円通貨の安定性です。戦後から現在に至るまで、長期トレンドで見ると、通貨「円」は上昇しており、金融市場が不安定化するなど、市場が混乱した場合は、引き続き円が選好されます。したがって、一定の「円」を保有することは、ポートフォリオ全体のリスクヘッジになると考えられます。

実際、日本国債を購入しているのは、おもに海外の中央銀行やソブリンウェルスファンド（政府が出資する投資ファンド。政府系ファンドともいわれる）、そして年金などです。基本的には、短期国債が選好される傾向にあり、月間で20兆円近いネットの買い越し額になることもあります。

・P59　注5：ラインハート、ロゴフ『国家は破綻する　金融危機の800年』（日経BP社）2011年

第2章

UNDERSTANDING BONDS & INTEREST RATES

債券市場と日本の経済・財政

LECTURE 2－1

債券は個々人の生活に深くかかわっている

各種ローンの金利や加入している保険などは債券と切り離せない関係にある

私たちの生活と金利

株式市場や為替市場は個人が取引に参加していることもあり、極めて見えやすい市場です。実際、テレビのニュース番組や新聞などで、その日の動向が報道されるのは株価と為替レートです。

これに対して、債券市場の動向がメディアを通じて報道されることはほとんどありません。第1章でも述べたように債券市場は基本的にプロのみが参加する市場なので、不特定多数の個人にとって、関心の対象にならないからです。資産運用でも、株式やＦＸ（外国為替証拠金取引）で運用している個人投資家はいますが、債券で資産運用しているという話はあまり大きくは取り上げられません。債券は、資産運用の対象としてもマイナーな存在なのです。

しかし、実は債券市場は、日本経済のなかで重要な役割を担っています。

たとえば日本の財政。日本政府は医療、年金、福祉といった社会保障、道路や上下水道などの公共投資や防衛などさまざまな役割を担っています。それら公共の事業に必要な資金は、基本的に税収で賄われますが、1990年代以降、日本経済は伸び悩み、税収も増えない状態が続いています。また、経済対策など景気を回復させるために税金が投入された結果、必要な資金がさらに不足するという事態が生じています。この不足分を穴埋めするため、国債を発行することによって必要資金を調達しています。国債発行によって調達された資金は、私たちの生活を支えるために用いられているのです。

さらに債券市場で形成される「金利」という観点からいえば、債券は国民生活にさまざまな形で影響しています。

たとえば住宅ローンに適用されている金利は、債券市場における利回りをベースに決定されます。住宅ローンには「固定金利選択型」といって、一定期間、固定金利が適用されるタイプがあります。そのうち、5年固定金利であれば5年債、10年固定金利であれば10年債の利回りが、適用利率を決定する際の参照レートになっているのです。

また、企業が銀行から借り入れる際に適用される金利も、債券市場で決まります。たとえば、銀行が企業に融資する際に適用される金利のうち、融資期間1年超の貸出のうちの一部には、「長期プライムレート」を参照した金利が適用されます。長期プライムレートとは、最も信用度の高い企業に融資を行なう際に適用される金利のことで、以前は長期信用銀行が発行する5年物利付金融債の利回りがベースになっていました。

ちなみに、長期信用銀行とは、利付金融債や割引金融債という債券を発行して調達した資金を、企業に対して貸し出すことを行なっていた銀行のことで、日本興業銀行、日本長期信用銀行、日本債券信用銀行の3行を指していましたが、1990年代を通じて進められた金融機関再編のなかで、長期信用銀行という形態がなくなってしまったので、いまはおもに普通銀行が発行する5年物普通社債の利率がベースとなります。

また近年では、1年以内の短期プライムレートが適用されるケースも増加しており、その場合は、政策金利の水準やCD（譲渡性預金）金利など、短い金利が影響を及ぼします。

個人資産としての債券

個人資産という観点からも、債券は重要な役割を果たしています。

日本の個人は、2016年3月末時点で1706兆円の金融資産を保有していますが、前述したように債券を直接保有している個人はほとんどいません。一部、個人向け国債や個人向け社債などがあり、それを保有している人もいると思いますが、1706兆円の個

図表2-1　多くの日本人が銀行や保険会社を通じて間接的に国債を保有している
―― 国債保有者別内訳

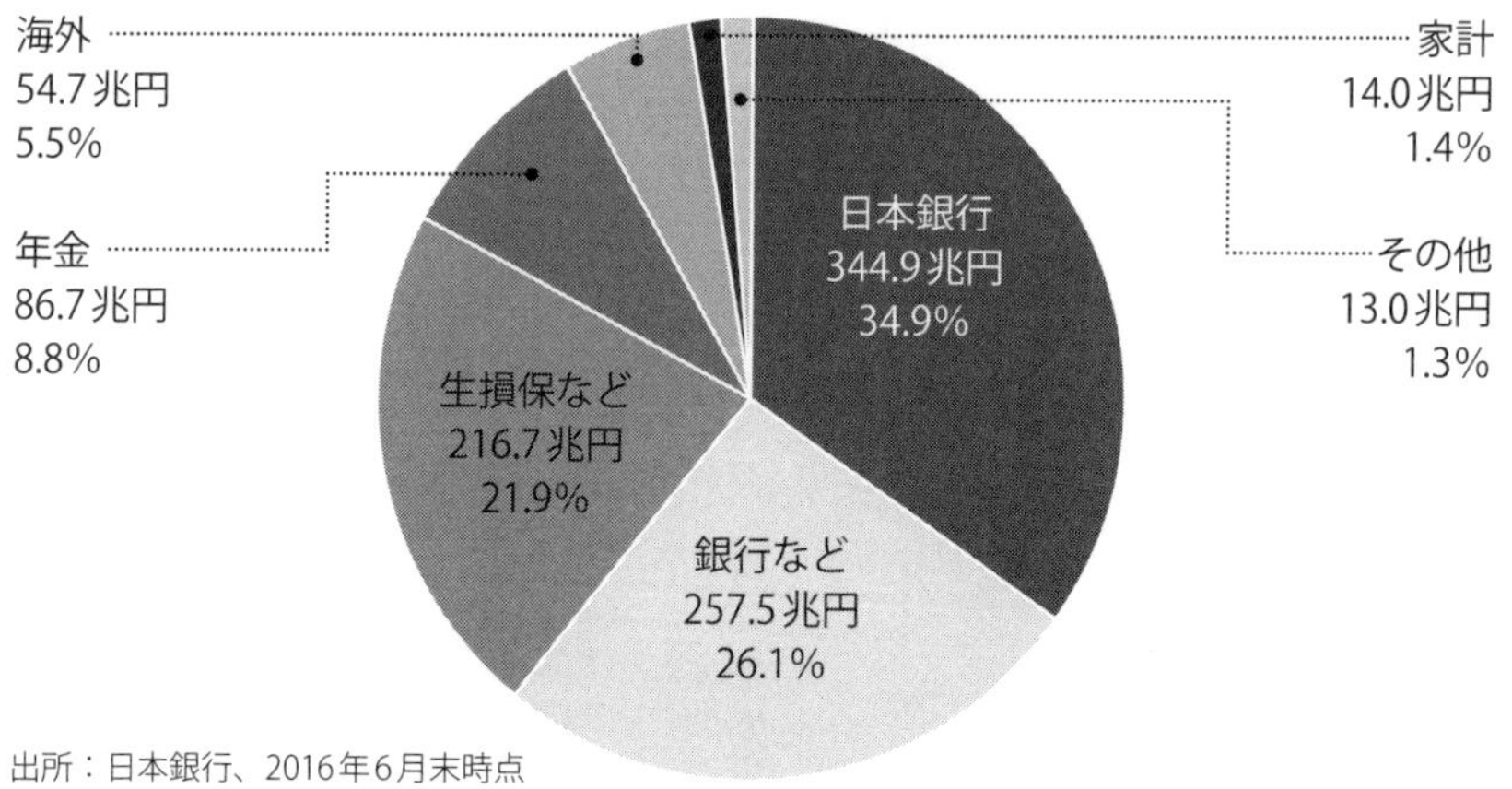

出所：日本銀行、2016年6月末時点

人金融資産のうち、債券など債務証券の保有金額はわずか27兆円です。

一方、国民は大量の資金を銀行の預金に預けています。現預金の保有金額は、実に894兆円。保険・年金などについては509兆円で、両者を合わせると1403兆円にも達していますが、銀行や生命保険・損害保険、公的年金などは、いずれも大量の国債を保有しています。たとえば銀行は、預金を通じて集めた資金の一部を、国債で運用しています（**図表2—1**）。

つまり、個人で直接、債券を保有している人は少ないのですが、預金や保険、年金を通じて間接的に保有している債券の額は、非常に大きな規模に達しています。したがって、国債価格の安定性は、国民の資産保全という観点からも、重要なテーマになっているのです。

LECTURE 2-2

日本の財政は債券によって支えられている

国債と地方債がなければ予算は成り立たない

日本の財政と債券市場

次に日本の財政と債券市場の関係を考えてみます。

財政には国家財政と地方財政があります。国家財政は国債、地方財政は地方債を発行して、税収だけでは賄い切れない部分の資金を調達しています。ここでは、国の財政を事例として、財政と債券市場の関係を説明していきます。

戦後、日本では「財政均衡主義」がとられてきました。財政均衡主義とは、大雑把にいえば、税収を中心とする歳入額と、歳出額を同額にすることを目指す考え方です。この考え方に基づくと、国債発行による借金はせずに、財政運営が行なわれることになります。

しかし、財政均衡主義の下では、景気の低迷による税収不足が生じた場合、ひたすら縮小均衡状態を続けることになり、不況から脱する方策がとりにくくなります。実際、1964年の東京オリンピック後の金融不況においては、大幅な税収不足が発生しました。昭和40年度（1965年度）補正予算においては、2590億円もの税収不足が見込まれ、戦後初めて国債を発行することになったのです。当時、大蔵省（現財務省）が発行した「財政新時代」と題する冊子では、福田赳夫大蔵大臣名による序文で、「ゆとりある家庭と蓄積ある企業を柱とした豊かな福祉社会の実現」が、財政政策の目標として掲げられました（注6）。

その後、二度のオイルショックを経て、日本経済が高度成長期から安定成長に移行する過程で、税収の伸びが頭打ちとなり、日本の財政は公債依存度を高めていきます。昭和60年代の「バブル景気」では税収が増加し、一時的に公債依存度が低下しましたが、バブル崩壊後はデフレ経済のもと、税収が落ち込む一方になり、景気対策による国債発行と、高齢社会到来による社会保障費の増大が重なり、公債依存度は高止まりを続けて、現在に至っています。

財務省の資料によると、平成28年度（2016年度）の一般会計予算においては、歳入のうち税収が約58兆円となり、歳入の約35・6％が公債で賄われる予定となりました。

国債の種類とその規模

政府は通常、年末に翌年度の予算を策定して、それに合わせて「国債発行計画」を発表します。国債の発行動向だけを見るのであれば、国債発行計画を確認すれば概略がつかめます。

直近の発行計画は、財務省のホームページで見ることができます。たとえば、平成28年度国債発行予定額は**図表2―2**のようになっていました。
見てのとおり、一般会計分の国債（特例国債と建設国債）よりも、借換債などその他の国債のほうが圧倒的に発行額は多くなっています。財務省ホームページによれば、これらの国債は次のようなものとなっています。

①建設国債

財政法第4条第1項但し書きに基づき、公共事業、出資金及び貸付金の財源を調達するために発行される。

②特例国債（**赤字国債**）

建設国債を発行してもなお歳入が不足すると見込まれる場合に、公共事業費以外の歳出に充てる財源を調達することを目的にして、特別の法律に基づき発行される。

③年金特例国債

図表2-2 ● 平成28年度国債発行予定額

建設国債	6兆500億
特例国債	28兆3820億
年金特例国債	―
復興債	2兆1564億円
財投債	16兆5000億円
借換債	109兆1144億円
国債発行総額	162兆2028億円

財政運営に必要な財源の確保を図るための公債の発行の特例に関する法律に基づき、基礎年金の国庫負担の追加に伴い見込まれる費用の財源となる税収が入るまでのつなぎとして、平成24年度および平成25年度に発行された。

④復興債

東日本大震災からの復興のための施策を実施するために必要な財源の確保に関する特別措置法に基づき、復興のための施策に必要な財源となる税収等が入るまでのつなぎとして、平成23年度から平成27年度まで発行される。（平成32年度まで延長）

⑤財投債

財政融資資金に於いて運用の財源に充てるために発行され、その発行収入金は財政投融資特別会計の歳入の一部になる。その償還や利払いが財政投融資資金の貸付回収金により行なわれている点が、主として将来の租税を償還財源とする普通国債と異なる。

⑥借換債

特別会計に関する法律に基づき、普通国債の償還額の一部を借り換える資金を調達するために発行される。

このように、それぞれの国債は発行根拠法が異なっています。もちろん、国債には「色」がついていないので、実際に投資したり、売買したりする国債がどの種類なのかは知ることができませんし、とくに気にする必要もありません。

消化方式別発行額を見る

国債の発行計画において、前項で説明したのは「発行根拠別発行額」で、たとえば建設国債なら「財政法第4条第1項」、特例国債は「各年度における特定法」というように、発行の根拠となる法律に基づいて発行された国債の発行額です。

これに対して、消化方式別発行額は、「市中発行分」と「個人向け販売分」、「公的部門」に分かれています。平成28年度の概要によると、それぞれの発行額は次のようになります。

①市中発行分……152兆2028億円

市中発行分の大部分（147兆円）は、カレンダーベースの発行額です。カレンダーベースの発行額とは、入札スケジュールに基づき、4月から翌年3月まで発行される国債の総額です。財務省が発表する「発行計画」が、発行総額を示すのに対し、この計画に基づき、何を、いつ、いくら発行するのかといった年間のスケジュールを示すものです。

市中発行分は「価格競争入札」「非競争入札」「第Ⅰ非価格競争入札及び第Ⅱ非価格競争入札」に分けて発行されています。

ⓐ価格競争入札

財務省が提示した発行条件（発行予定額、償還期限、表面利率）に対して、入札参加者が落札希望価格と落札額を入札し、その入札状況に基づいて発行価格と発行額を決定します。

ⓑ非競争入札

2年、5年、10年の利付国債（固定金利）については、入札額が小さくなる傾向がある中小入札参加者に配慮して非競争入札が行なわれています。これは、価格競争入札と同時に募集が行なわれ、価格競争入札による加重平均価格を発行価格とする入札です。

ⓒ第Ⅰ非価格競争入札及び第Ⅱ非価格競争入札

第Ⅰ非価格競争入札は、価格競争入札と同時に募集が行なわれ、発行予定額のうち10％を発行限度額として、価格競争入札による加重平均価格を発行価格とする入札です。国債市場特別参加者（プライマリー・ディーラー）のみに参加が認められています。また、第Ⅱ非価格競争入札は、価格競争入札の結果が公表された後で入札が行なわれるもので、国債市場特別参加者のみに参加が認められています。

②個人向け販売分……2兆円

「個人向け国債」とその他窓口販売分の合計額です。

③公的部門（日銀乗換）……8兆円

財政法第5条では日本銀行による国債の引受けを禁止していますが、同条但し書きにおいて、特別な事由がある場合には、国会の議決を経た金額の範囲内で例外が認められています。

カレンダーベースの市中発行額

最後に投資家サイドから見た発行額を見ていきます。

第1章で触れたように、投資家が債券を購入する場合、発行市場か流通市場のいずれかになります。このうち、発行市場で国債を購入する場合は入札に参加することになります。

財務省のホームページによれば、平成28年度の債券年限別の発行予定額は**図表2—3**のとおりです。

なお流動性供給入札とは、市場の流動性不足に対応する目的で実施される入札です。原則、月2回実施されており、具体的な内容については、四半期毎の市場参加者との意見交換も踏まえて、市場の状況を見ながら決定されます。

図表2-3 ● 平成28年度の債券年限別の発行予定額

区分	1回当たり（兆円）	年間発行額（兆円）
40年債	0.4×6回	2.4
30年債	0.8×12回	12.0
20年債	1.1×12回	13.2
10年債	2.4×12回	28.8
5年債	2.4×12回	28.8
2年債	2.3×12回	27.6
1年債	2.0×2回	
（割引国債）	2.1×10回	25.0
物価連動10年	0.5×4回	2.0
流動性供給		9.6

国債整理基金特別会計と借換債

国債の返済財源は財政上どのような勘定で処理されているのでしょうか。これについては、「国債整理基金特別会計」という特別会計が設けられています。ここでは、一般会計および特別会計からの繰入資金などを財源として、公債、借入金等の償還および利子等の支払いを一元的に管理しています。

「国債整理基金特別会計」は、国全体の債務状況を明らかにすることを目的とした整理区分会計であるとともに、定率繰入などの形で一般会計から資金を繰入れ、普通国債等の償還財源として備える「減債基金」の役割を担っています。

この国債整理基金は次の5つの財源を得て、国債（建設国債および特例国債）の償還を行なっているとされています。

①一般会計からの償還財源
②政府保有株式
③運用収入
④たばこ特別税
⑤借換債の発行

このなかで最も大きなウェイトを占めるのが、借換債の発行です。平成28年度（2016年度）では約109兆円の借換債の発行が計画されています。借換債というのは、文字どおり、満期がきても償還せずに、再び借り換えるために発行される公債のことです。

建設国債の減債制度について

建設国債は償還期日の到来とともに償還されますが、その償還に際しては「60年償還ルール」が設けられています。

仮に10年利付国債を600億円分発行した場合、10年後に償還を迎えたときには、600億円のうち、その6分の1にあたる100億円だけを現金償還し、残りの500億円については「借換債」を発行して償還資金に充てます。この時点で、建設国債の発行残高は500億円になります。そして、次の10年後に再び100億円を現金償還し、残りの400億円については借換債を発行して償還資金に充てると、建設国債の発行残高は400億円になります。

このように10年で100億円ずつ現金償還していくと、60年で当初発行した600億円の建設国債を全額現金償還することになります。これが60年償還ルールのしくみです。ちなみに、なぜ60年なのかという点ですが、政府が公共事業を行なうために発行した建設国債で調達した資金をもって建設した構築物の耐用年数が、おおむね60年程度ということから定められています。

減債制度は19世紀のイギリスで導入され、国債価格の安定化に寄与して、パクス・ブリタニカの繁栄の礎になりました。また、日本では昭和42年（1967年）に導入され、60年間で建設国債を償還するため、その発行残高の1・6％（約60分の1）を毎年積み立てています。

増加する財政赤字と国債管理政策の重要性

平成28年度（2016年度）の国債発行総額は162兆円と巨額です。また、これまでの発行残高は、財投債を含めると、931兆円にまで膨れ上がっています。これらに、国債以外の借入金や独立行政法人への保証などを加えると、政府債務はさらに大きな規模になります。

このような状況では、いかにして円滑な国債消化を行ない、国の財政を繰り回していくかが、より一層重要になってきます。マーケットを国が管理するのは必ずしも望ましくありませんが、国家財政・国債に関しては、その重要性から、ある程度国による管理が必要になると考えられます。

財政活動に伴う資金調達によって生じた債務を、適切に管理する政策を「債務管理政策」といいます。歴史的に見ても、ローマ帝国の衰退の原因は、軍事関係費拡大や福祉の肥大化による財政の膨張にあることが指摘されています（注7）。

また、19世紀のイギリスの国家安定、つまりパクス・ブリタニカも、この債務管理政策がうまく機能して、財政が安定化していたからこそ実現できた、ということができます（第5章参照）。

国債を上手くマネージしていくことが、日本経済を支えていくうえで、とても重要であるとの認識を持つ必要がありそうです。

債券市場の重要なプレーヤー・中央銀行の役割

国債を直接引き受けることは財政規律を守るために禁止されている

世界の中央銀行と日本銀行の仕事

中央銀行は政府の一部と誤解されることがありますが、実際には政府から独立して運営されています。政府から独立していないと、政府の意向で景気を浮揚させるために金融政策を行なわざるをえなくなるリスクがあるためです。また、独立して運営されないと、政府の発行する国債を中央銀行が引き受けるという、いわゆる「財政ファイナンス」を行なってしまい、財政規律が働かなくなるというリスクも生じかねません。

中央銀行のミッションは各国で微妙に異なります。物価の安定や経済成長といった項目は入っていますが、米国などでは、「最大限の雇用」も目標の一つとなっています。

一方、日本銀行（日銀）のミッションは、雇用については言及されておらず、「通貨の安定」と「金融システムの安定」の2つを重視しています。他の先進国に比べて、失業率が低位に安定していることが主な背景だと思われます。

中央銀行の役割には、「発券業務」「銀行の銀行」「政府の銀行」という3つがあります（**図表2―4**）。

「発券業務」は、お札を発行し、管理することで、日銀にとって最も重要な役割の一つです。2016年2月現在、日銀券の発行残高はほぼ100兆円となっています（次ページ**図表2―5**）。

「銀行の銀行」としての役割は、民間銀行の預金を預かったり、逆に、民間銀行に貸出を行なったりすることです。物価目標を達成するため、日銀はさまざまな資産を銀行から購入したり、銀行に資金を供給したりすることを通じて、世の中に出回っているマネーの総量を調整しています（105ページ**図表2―6**）。

そして、「政府の銀行」としての機能は、税金や社会保険料の受け入れ、年金や公共事

図表2-4 ● 中央銀行の役割

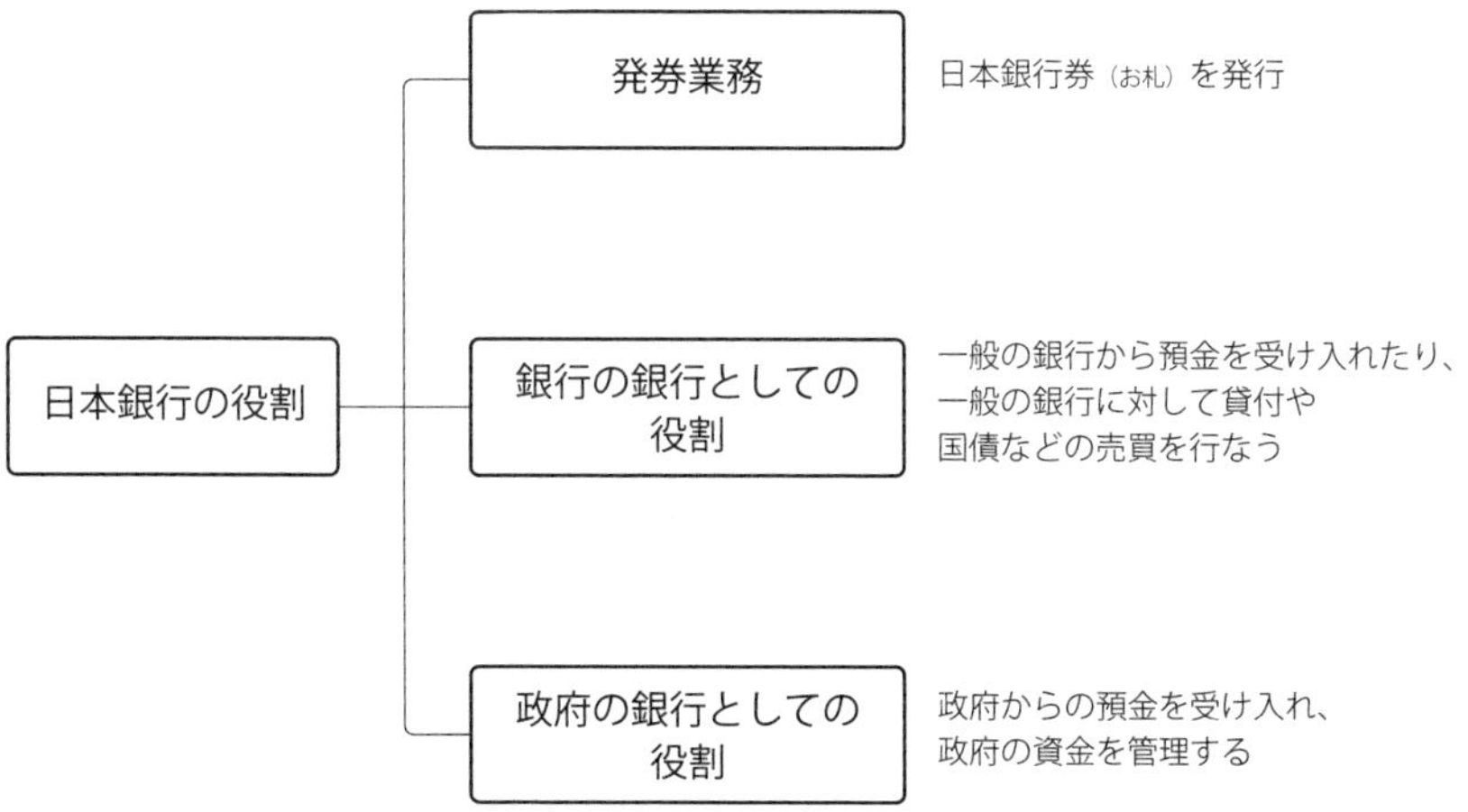
発券業務
日本銀行券（お札）を発行
日本銀行の役割
銀行の銀行としての役割
一般の銀行から預金を受け入れたり、
一般の銀行に対して貸付や
国債などの売買を行なう
政府の銀行としての役割
政府からの預金を受け入れ、
政府の資金を管理する

業費の支払い、国債の発行、国債元利金の支払い、外国為替介入業務など、国の事務を行なうことです。

政府の銀行として重要な点は、日銀は政府のお金を管理するものの、直接、貸出を行なったり、国債を直接引き受けたりすることはできないということです。

国に対する直接的な与信行為は「財政ファイナンス」といわれ、政府の財政規律を弱めるため、各国で原則として禁止されているのです。輪転機を回せば、無尽蔵に紙幣を発行できる中央銀行が、政府の借金である国債を直接引き受けることが当たり前になると、政府はいくらでも借金できてしまうため、財政の節度を失わせ、市中に流通するお金の量が際限なく増加してしまう恐れがあります。

それを防ぐため、政府が国債を発行するには一旦、市場参加者に引き受けさせる必要があります。これを、「国債の市中消化の原

図表2-5 ◉ 日銀券の発行残高はほぼ100兆円
── 日銀券発行残高の推移

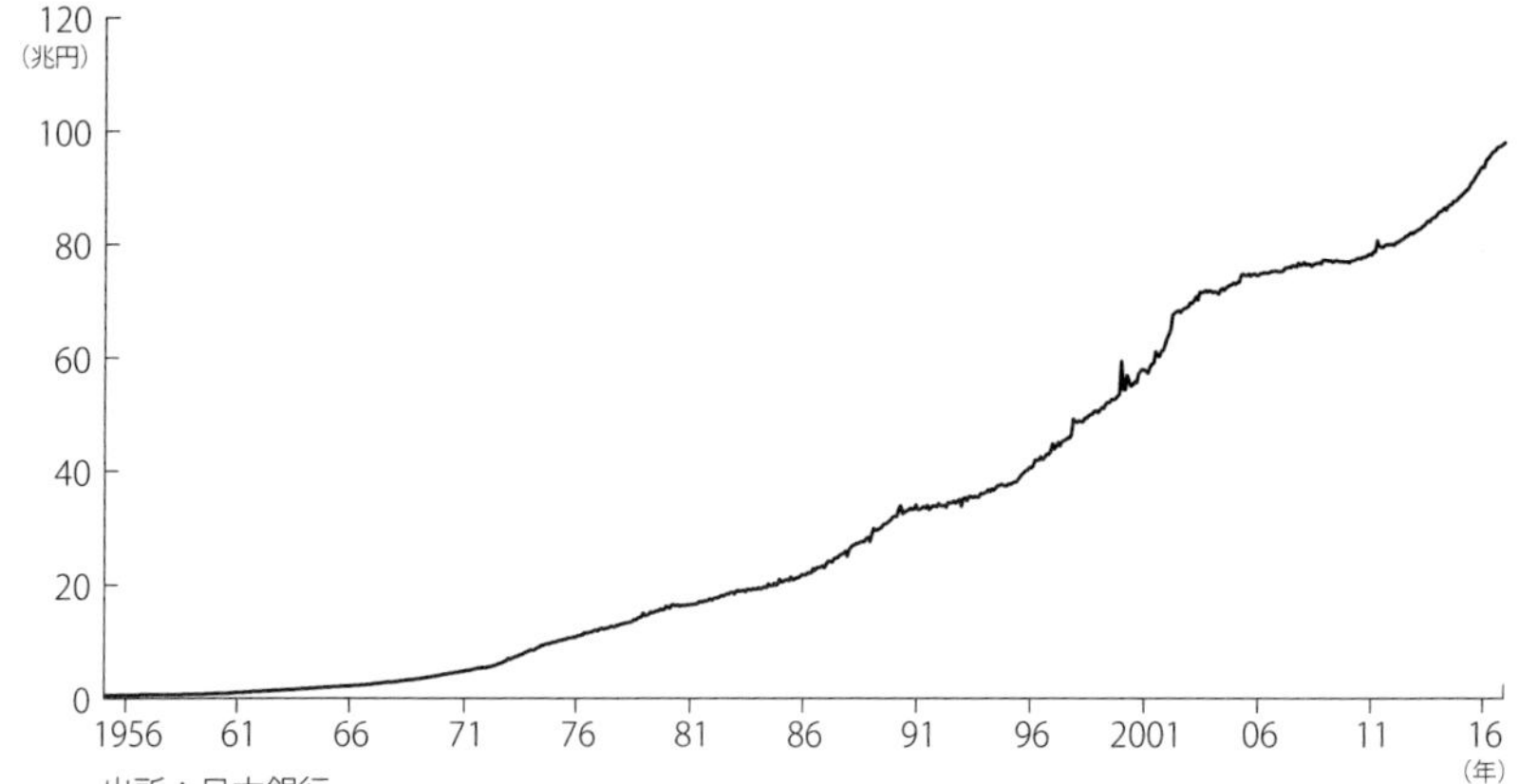

出所：日本銀行

則」といいます。したがって日銀が、量的・質的金融緩和政策として国債を買い入れる際には、発行された国債を引き受けた銀行などから買い上げることになります。

なお、この原則の例外として、前述のとおり国が満期を迎える国債の借り換えを行なうときには、国債の償還額の範囲内で、これらを引き受けることが認められています。これを「借換債の引受け」といいます。すでに持っていた国債の満期に乗り換えるだけならば、日銀の国債保有額は増えないため、世の中のお金の増加につながりません。そのため、例外が認められているのです。

日本銀行の資産購入の実態

2016年10月現在、日本銀行（日銀）が購入している資産とその買入れ上限枠は**図表2**

図表2-6 ● 銀行の銀行としての役割とは?

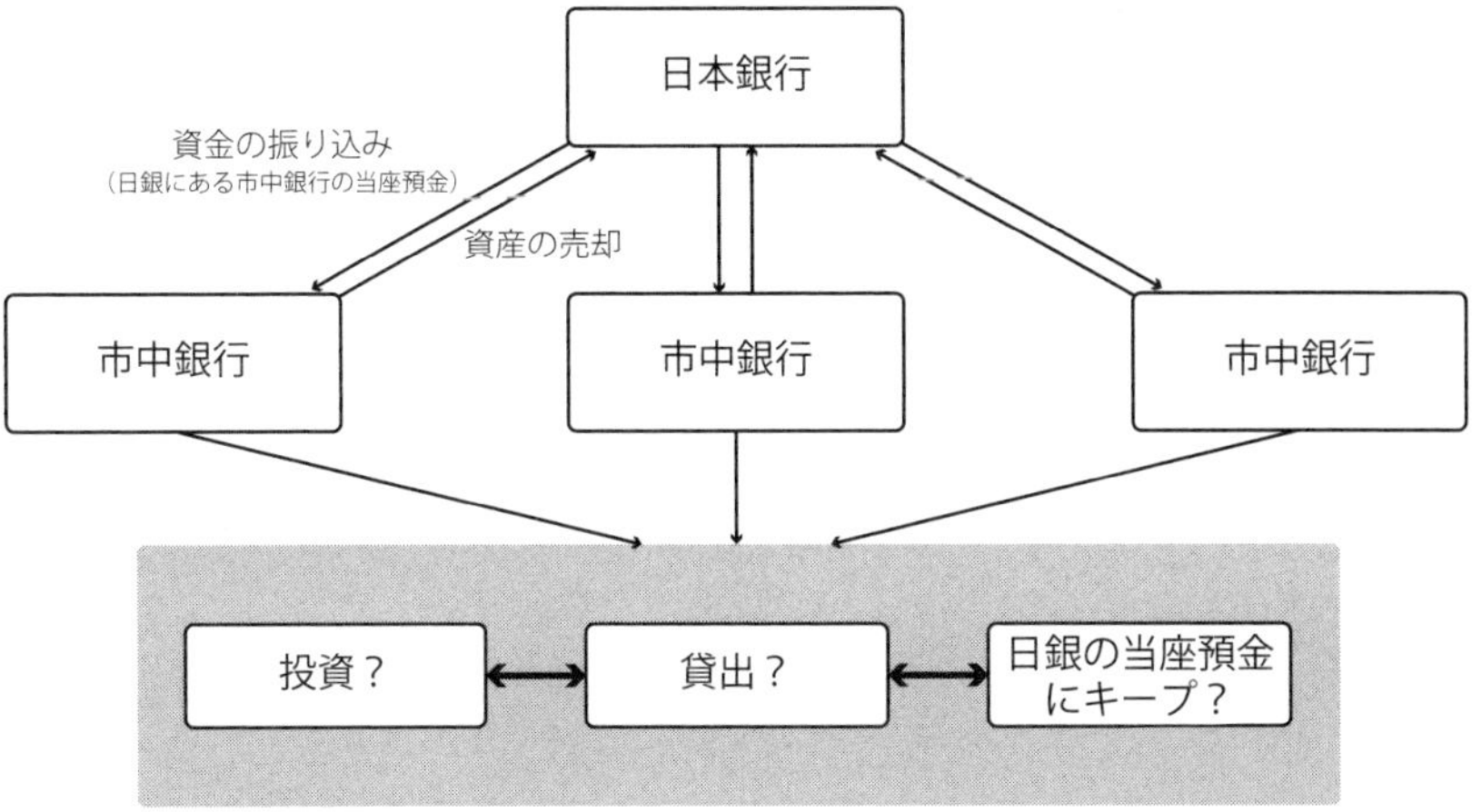

―7のとおりです。

日銀は毎月末に翌月の各年限別の買入れ額のメドを公表しています（「当面の長期国債買入れの運営について」）。

日銀が日本国債を買い入れる際の流れは、日銀が買い切りオペを買入れに参加できる金融機関に日銀のネットワークシステム（日銀ネット）で通知することから始まります。通知には、日銀の買入れ予定額や、期日、対象銘柄（買い入れる国債の年限など）が記載されています。

これを受け、入札参加者は、決められた時刻までに、売りたいと思う金額と、希望する利回りを日銀に知らせます。

利回りは各対象銘柄の前日引値が基準となります。その引値に対しての差（「利回り較差」）を参加者は提示します。日銀は較差の大きい札から、売り渡し希望額を割り当てていきます。

図表2-7 ● 日本銀行が購入している資産とその買入れ枠（2016年10月現在）

対象資産	買入れ額
国債	おおむね、保有残高の増加額年間約80兆円を目処
ETF	保有残高を年間約6兆円増加させる
J-REIT	保有残高を年間約900億円増加させる
CP	約2.2兆円の残高を維持
社債	約3.2兆円の残高を維持

売却額が決まったら、金融機関は日銀に国債を売渡し、日銀は代金（代わり金）を金融機関が日銀内に持つ当座預金口座に振り込みます。

振込を受けた金融機関は、そのまま日銀の当座預金口座に預金を預けておくか、または引き出して、貸出や投資などに資金を回します。これにより、日銀が国債を購入したお金が市中に流れていきます。

日本銀行の「マイナス金利」と金融機関の国債入札の関係

金融機関はどのようにして、国債を日本銀行（日銀）に売るかどうかを決めるのでしょうか。

まず、手持ちの国債の持ち値と日銀の売却予想額（利回り）を比較して、売却益がどの程度得られるのかを計算します。それと同時に、保有国債を売却することで日銀から受け取る資金の運用先を考えます。

さらに、日銀の当座預金は、新たな預け入れ資金の一部にマイナス金利を適用するので、安全性・将来性などを考え、新たな投資先の利回りのほうがこれよりもよければ、その投資先に資金を投資します。

日銀の当座預金がマイナス金利になると、金融機関は、余ったお金を「マイナス金利の当座預金に置いておくよりはマシ」と考えて、当座預金より少しでも高い利回りのものに投資しようとします。

このため、当座預金金利が下げられると、それ以外の資金の金利もじわじわと低下していくのです。

ただ、当座預金よりも有利な投資先がまったくなく、マイナス金利適用の当座預金しか資金の行先がなければ、金融機関が国債の売却を控えるケースも想定されます。

実際、日銀の資産買入れによる金融緩和は、最近、目詰まりを起こしつつあります。たとえば、日銀が買入れを通知しても、最終的にはいずれ金融機関からの応札金額が日銀の希望買入額に達しない「札割れ」という現象が生じることになるのでは、との見方もあります。金融機関の手元資金が余剰になっており、また一定額は、担保見合いの国債を保有する必要があることから、国債を売却する余力がだんだんと減少してきているからです。

第二に、日銀当座預金の新規預け入れ部分へのマイナス金利適用も影響しています。国債などを売却すると、金融機関には日銀から代わり金が振り込まれますが、新たな投融資などに良いものがない場合、入金されたお金を日銀の当座預金口座に預けたまま放置することになります。しかし、この一部にはマイナス金利が適用される可能性があることから、銀行は、当座預金の積み増しを何とか避けようとしています。今後の金利動向次第では、ますます金融機関は運用先に困り、手元の資産を売却しにくくなることから目詰まりを起こし、日銀の意図するようなマネーの増加効果が得られない恐れがあります。

・P93　注6：米澤潤一『国債膨張の戦後史』（きんざい）2013年
・P101　注7：高坂正尭『文明が衰亡するとき』（新潮社）1981年

第3章

UNDERSTANDING BONDS & INTEREST RATES

プロの債券投資戦略

（基本編）

LECTURE 3－1

安定的なキャッシュフローが得られることが魅力

情報量や流動性の面では株式よりも不便

債券投資の魅力とリスク

債券投資には、株式投資とは異なる以下のような魅力があります。

①発行額が巨大である

債券市場は、国債の発行残高だけでも1000兆円超という巨大な規模をもっています。しかも、当面は国債を中心に発行残高は増加します（日銀の国債買入れによって、市場に流通する国債の残高は急激に大きくなるわけではありません）。そのため、株式と比べ、一部の投資家やアナリストのコメントや噂で乱高下することが比較的少ないといえます。また、一部の人が企業の内部情報を得て不当に儲けを得るというインサイダー取引という概念もほとんどありません。

②安定的なキャッシュフローが得られる

債券の発行体が債務不履行に陥らない限り、当初約束された金利収入が定期的に得られます。金利の支払いは当初契約に記載されたものであるため、株式配当のように業績の変動に左右されにくいといえます。

③発行体が倒産した場合の返済順位が株式よりも高い

企業が倒産する場合、債務超過に陥っているケースが多く、株主にまで資金が返還されることはありません。しかし、債券は株式保有者に優先されるため、資産売却などによる資金返還の可能性があります。加えて、債券は「担保」が付されているケースもあり、倒産時に資金が返済される確度が高められています。

④株式とは逆相関の値動きを持つ

国債の価格動向は、状況にもよりますが一般的に株式と逆相関にあります。つまり、株価が下がったときには、債券価格が値上がりします。したがって、株式と債券を組み合わせることで、投資している資産全体のリスクの分散を図ることができます。

ただ、債券には株式投資と異なるリスクがあるのも事実です。

たとえば、発行額は巨大ですが、株式ほど売買が活発ではないため、売却しようとしてもできないリスク（流動性リスク）があります。また、銘柄によっては売買代金が少なく、市場価格が毎日とれないこともあります。

また、債券には議決権がないため、発行体が破たんしない限りは発行体に対して直接反対意見を申し立てる場がありませんし、巨額な資金で債券を買い占めたとしても、それを理由に役員を送り込むことはできません。なお、このような弱い立場を補完するため、債券には「財務制限条項」といって、企業の財務内容次第では金利を引き上げるなどの措置をとれる、という条項が入っている場合もあります。

個人向けに販売されていない銘柄もあります。逆に、「個人向け国債」や「個人向け社債」のように、わざわざ個人向けに限定して販売される債券もありますが、債券市場に流通している全銘柄からすれば、個人向けの債券はごく一部に過ぎません。

そこで、次項からは機関投資家等の「プロ」がどのように債券投資を行なっているのかについて解説していくことにします。

LECTURE 3－2

プロの債券投資戦略〈基本編その1〉イールドカーブ戦略

イールドカーブの形から値動きを予測して投資する

イールドカーブとは？

イールドカーブとは「金利曲線」のことです。

たとえば長期金利といえば「10年国債利回り」のことですが、金利は10年国債利回りのみではありません。翌日物（オーバーナイト）から3カ月、6カ月、1年、2年とつながり、長いものだと、日本の場合10年、20年、30年、そして最長は40年となります（次ページ**図表3－1**）。

つまり、これら年限別の金利という「点」を、「線」でつなげることによってつくられる曲線が、イールドカーブです。債券市場は、「点」でなく、「線」、すなわち、イールドカーブで理解することが重要です。

このイールドカーブの形をみて、期限ごとの債券の動きを予測しながら投資していくのが、イールドカーブ戦略です。

図表3-1 ● 日本の金利体系（発行市場別）

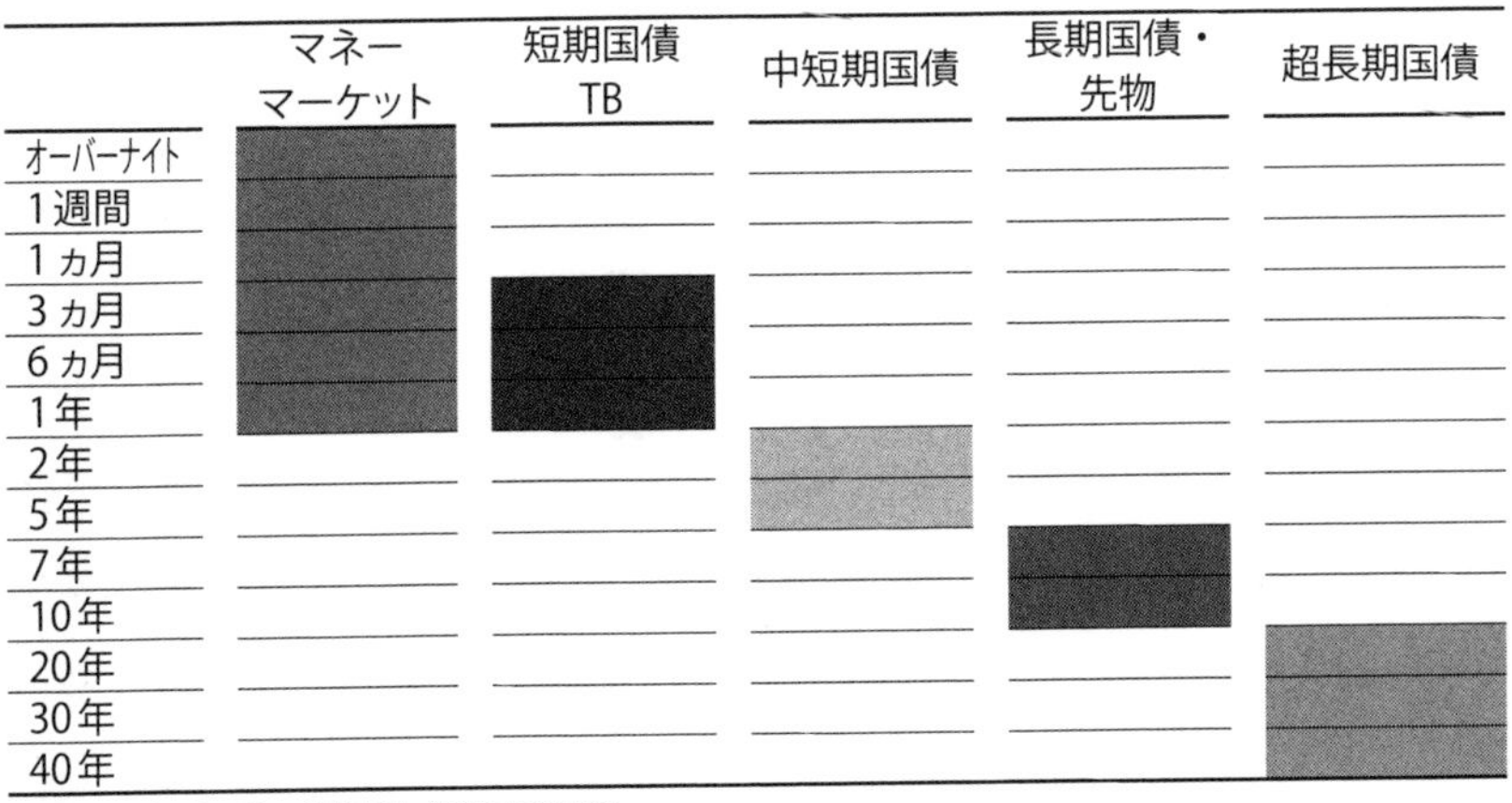

※「オーバーナイト」は翌日に返済する取引

図表3-2 ● きれいな順イールド
——2016年1月の日本国債のイールドカーブ

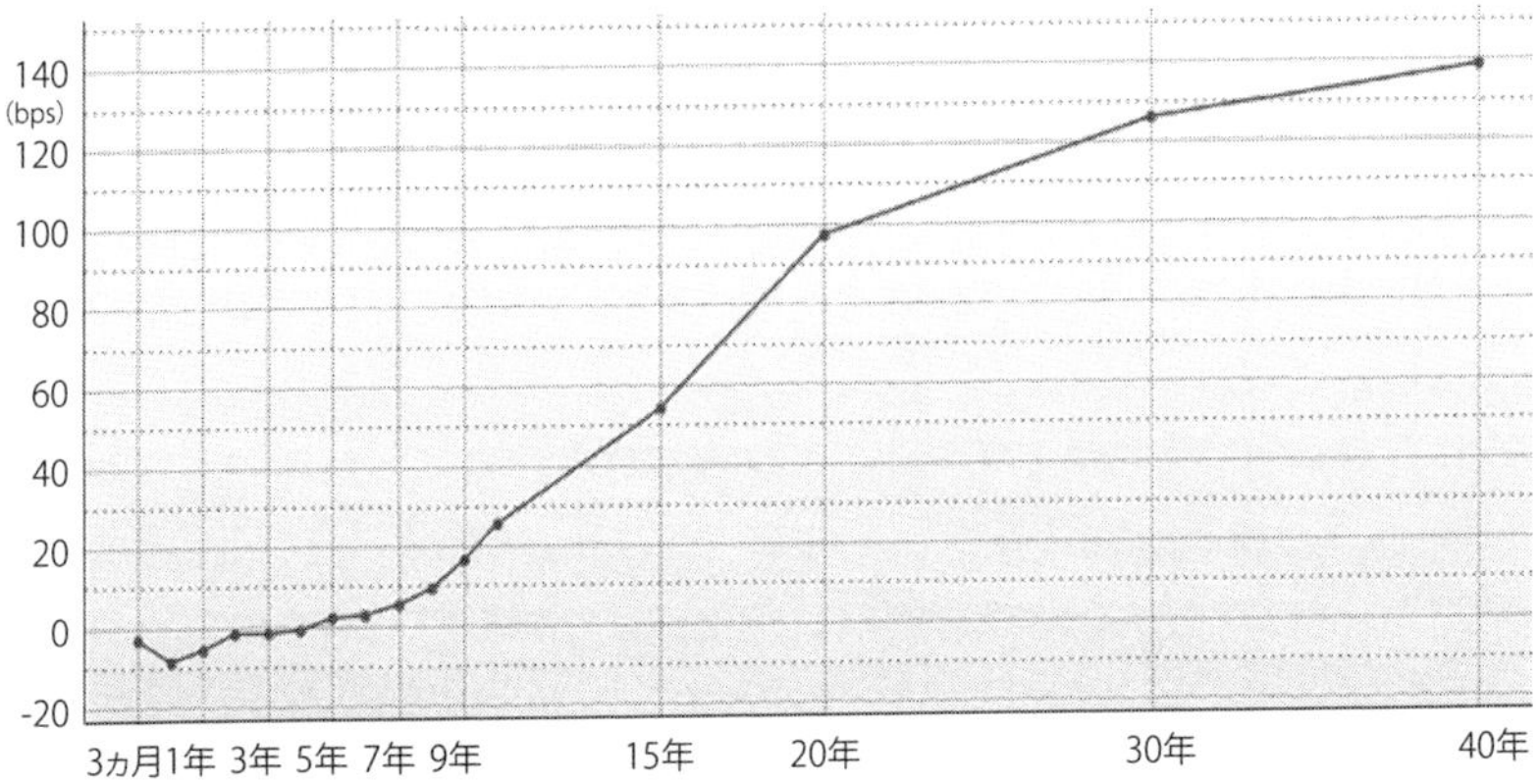

出所：ブルームバーグ社

以下では、さまざまな状況においてイールドカーブがどのようになったのかについて、過去の事例をピックアップしながら解説していきます。

ちなみに、現在の日本のイールドカーブの形状はどうなっているでしょうか？

現状、日銀がマイナス金利政策をとっているという特殊な環境化で、イールドカーブもやや歪んでいますので、ここではマイナス金利政策前の平成28年（2016年）1月初め時点のものを掲載しました（**図表3―2**）。注目していただきたいのは、短期金利のほうが長期金利より低くなっていることです。これを、「順イールド」といいます。ここ最近、各国のイールドカーブは「順イールド」が一般的です。

米国に見る金融政策とイールドカーブ

イールドカーブの形状を決定するのは、金融政策であるといっても過言ではありません。

ここでは、イールドカーブの変化が鮮明に現れている、1980年代後半から1995年にかけての米国のイールドカーブを見ていきます。

まず、最初は金融引き締め期である1989年6月のイールドカーブです（次ページ**図表3―3**）。短期金利が長期金利を上回っているのがわかると思います。これを「逆イールド」といいます。

1989年の米国は景気が好調で、やや過熱気味に推移していました。そこで、グリーンスパンFRB議長のもとで、金融引き締めが行なわれていたのですが、金融引き締め期においては、イールドカーブが「逆イールド」になることも珍しくありません。政策金利の引き上げで短期金利が上昇するのに対し、長期金利は、金融引き締めによる景気鈍化を予想して低下することで、このような形状になることがあるためです。したがって、逆イールドは、市場が、金融引き締めで将来の景気の鎮静化を予想していることから発生します。これは、金融政策が効いている証拠です。だからこそ、長期金利が短期金利よりも抑制されているのです。

実際にはこの後、1989年の6月5日には、金融緩和が実施されました。そこから、1992年までに長期にわたる金融緩和がスタートしたのです。

次は金融緩和期です。

1990年夏、イラクのクウェート侵攻を機に湾岸戦争が勃発しました。そして、米国内ではS&L（= Savings and Loans Association）と呼ばれる貯蓄金融機関の経営悪化が問題になっ

図表3-3 ● きれいな逆イールド
—— 米国債イールドカーブ（1989年）

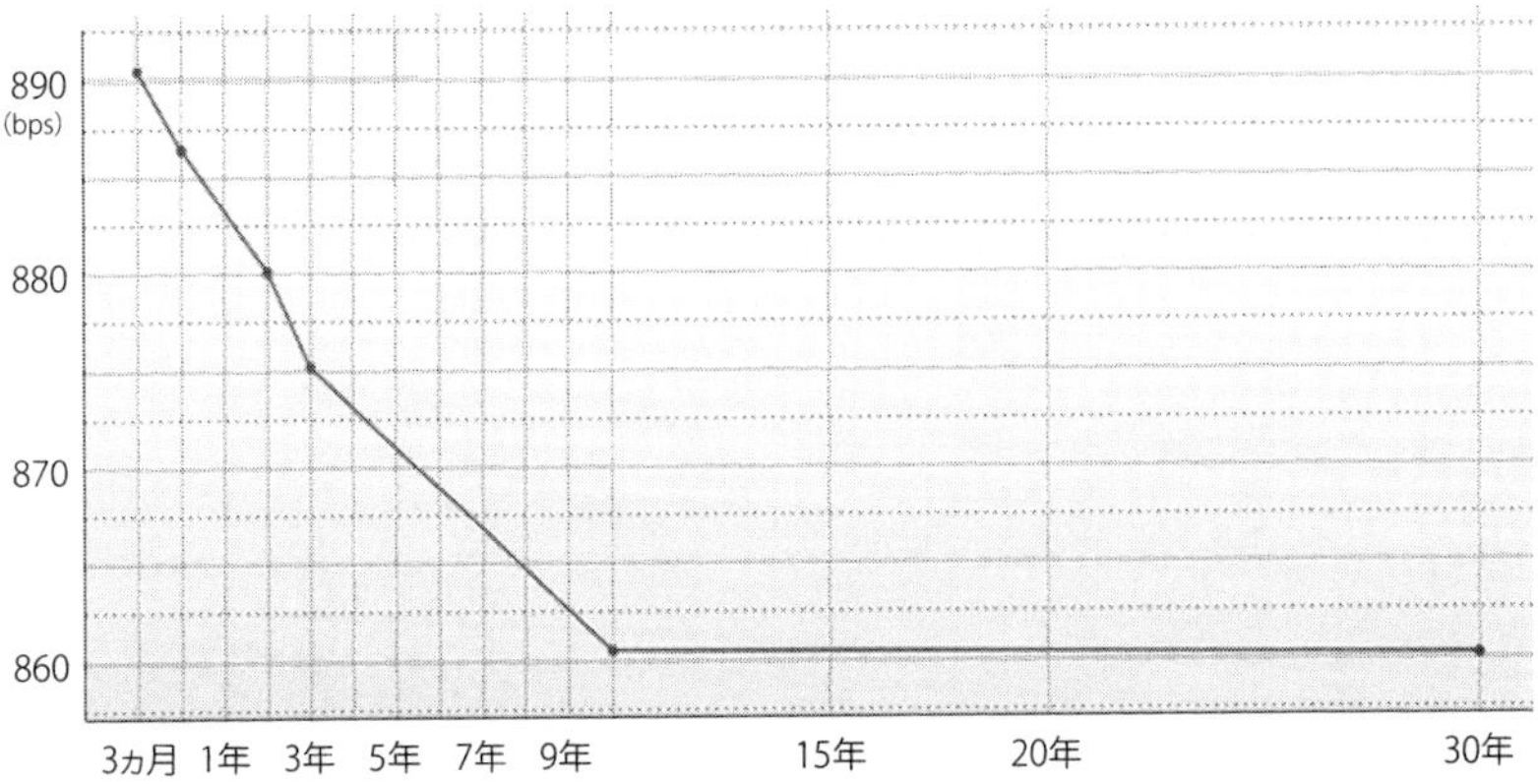

出所：ブルームバーグ社

ていました。彼らが保有するジャンクボンド市場で値崩れが起こり、景況感が一段と悪化したのです。

これを受けて、グリーンスパンFRB議長は段階的に利下げを実施した結果、オーバーナイト金利は9・75％から3・00％まで引き下げられました。**図表3―4**は、一連の最後の利下げが実施された1992年9月と1989年を比較したものです。1989年と比較すると、きれいな「順イールド」になっていることがわかります。

続いてヒーリング期（緩和と引き締めのあいだの期間）です。

1992年後半には、世界的な不況が一段落して、米国経済も落ち着きを取り戻し始めました。しかし、ただちに金融引き締めというわけにはいきませんでした。当時の米国経済は、さまざまな課題を抱えていたからです。

1992年の大統領選で、これまでの共和

図表3-4 ● 逆イールドから順イールドへ
―― 米国債イールドカーブと変化の度合い（1989年と1992年の比較）

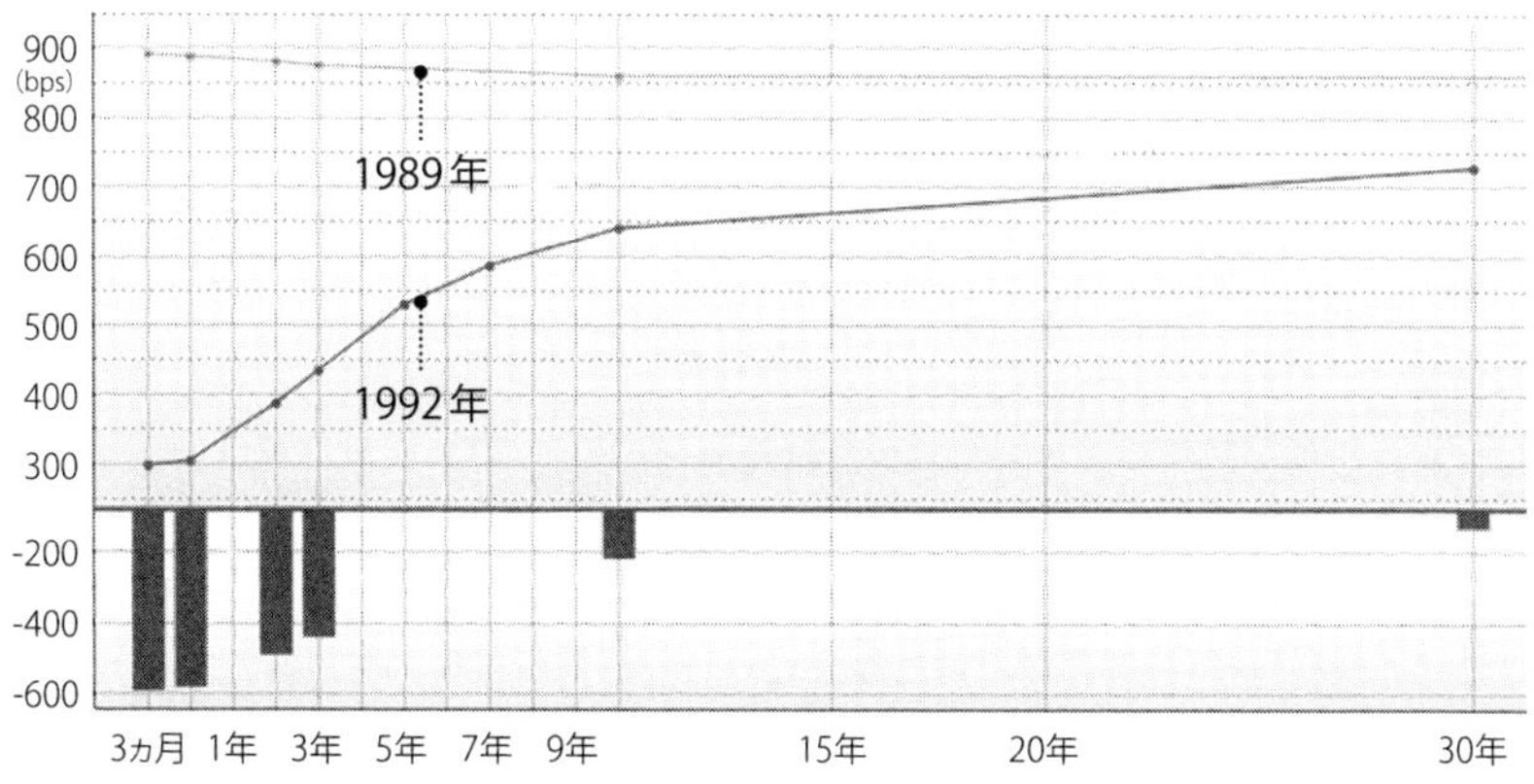

出所：ブルームバーグ社

党ブッシュ大統領に代わり、民主党のビル・クリントン大統領が選任されました。彼が最初に着手したのが、「財政再建」です。これを提案したのが、実はグリーンスパンFRB議長でした。グリーンスパンは米国の長期金利が高止まっていることに懸念を抱いていました。そして、クリントン大統領は、グリーンスパン議長の提案を受け入れたのです。

1993年の上下両院合同会議で、ヒラリー・クリントン大統領夫人とティッパー・ゴア副大統領夫人にはさまれて着席しているグリーンスパン議長の姿が映しだされました。

これが象徴するように、クリントン政権が増税による財政再建を着手する代わりに、FRBは金利の引き締めを先送りすることで援護射撃を行なう、という連携がとられたのです。ウォール街出身である、ロバート・ルービン財務長官（当時はまだ国家経済会議委員長）も財政再建の重要性を訴えて、連携する形で長期

図表3-5 ● ヒーリング期のイールドカーブ
—— 米国債イールドカーブと変化の度合い（1992年と1993年の比較）

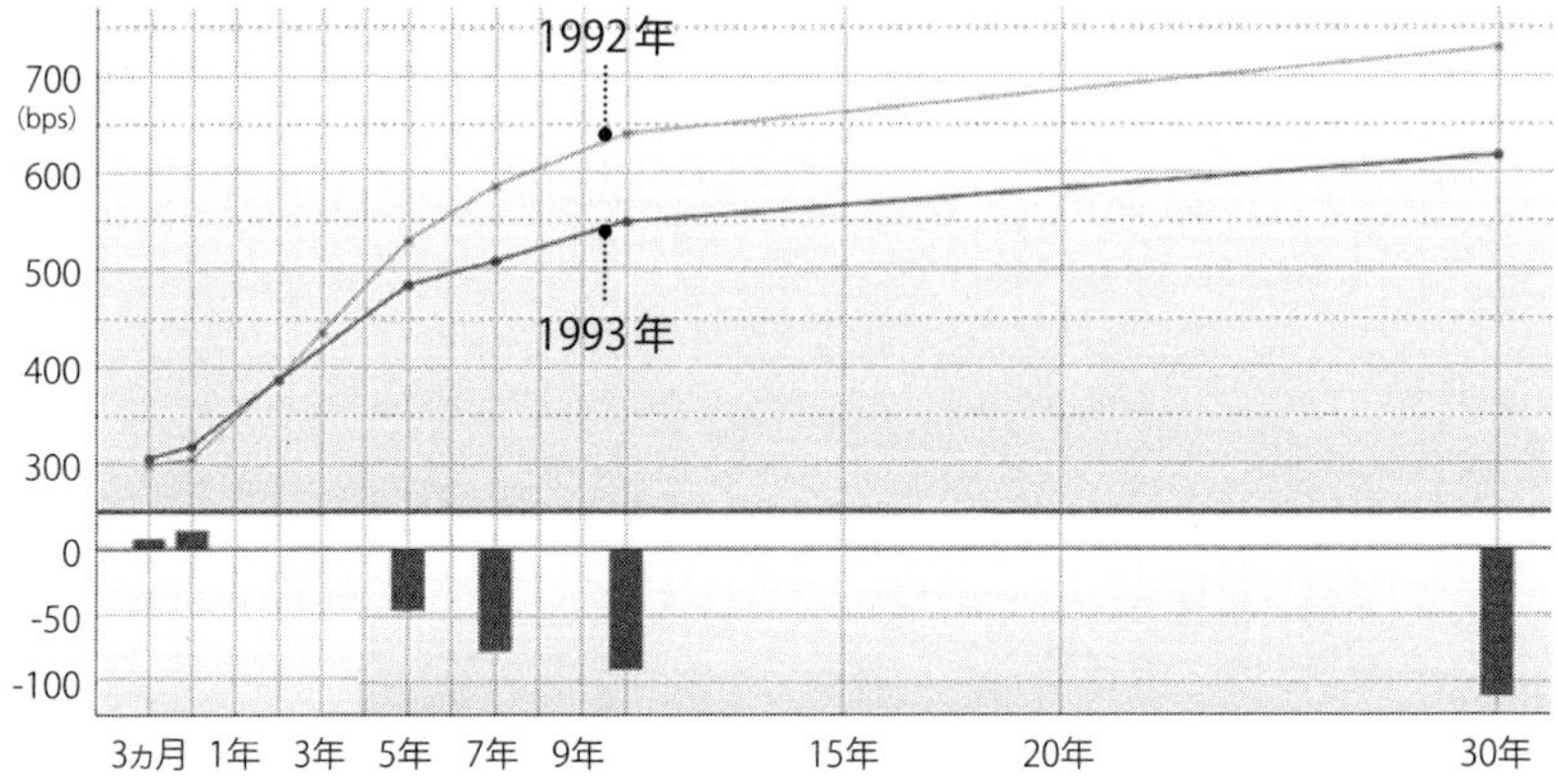

出所：ブルームバーグ社

金利が大きく下落していきました。

そうした結果、**図表3―5**のように、ヒーリング期においては、短期ゾーンの金利低下余地がなくなり、結果、長期金利の低下が遅れて発生することが多いのです。

最後は再び金融引き締め期です。

景気がようやく回復し、インフレ懸念が台頭し始めると、いよいよヒーリング期が完了して、金融引き締め期に戻ります。米国の1994年初頭が、まさにそのようなタイミングでした。

設備投資や個人消費が回復し、長期金利の低下が奏功して、住宅着工件数も年率130万戸と久しぶりに元気を取り戻してきました。

当時、「クレジットクランチ」という言葉が流行っていました。銀行が貸し出しを絞るなどして、金融が逼迫して、消費者や企業が融資を受けにくくなる状況のことです。しかし、住宅市場が回復しているのを見ても明白なように、ようやく信用逼迫が緩和されて金融が回り始めました。そうなると、もう「過度の景気刺激型」の金融政策を維持する理由には乏しくなります。

1994年2月4日、FRBはFF金利の誘導目標を0・25％引き上げ、5年ぶりに金融引き締めを実施しました。グリーンスパン議長は自らの著書のなかで「前回の利上げからかなりの期間がたっていたので、わたしは利上げのニュースで市場が動揺するのを恐れていた」(注8)と述べています。

しかし、実際にはそれほど大きなマイナスの影響はなく、利上げは1995年の2月まで計8回続けられ、FF金利は3％から6％まで上昇しました。

そのときのイールドカーブの変化を示すと次ページ**図表3―6**のとおりになります。短期金利ゾーンが大きく上昇して、イールドカーブのフラット化が進んでいます。

図表3-6 ● フラット化が進むイールドカーブ

── 米国債イールドカーブと変化の度合い（1994年と1995年の比較）

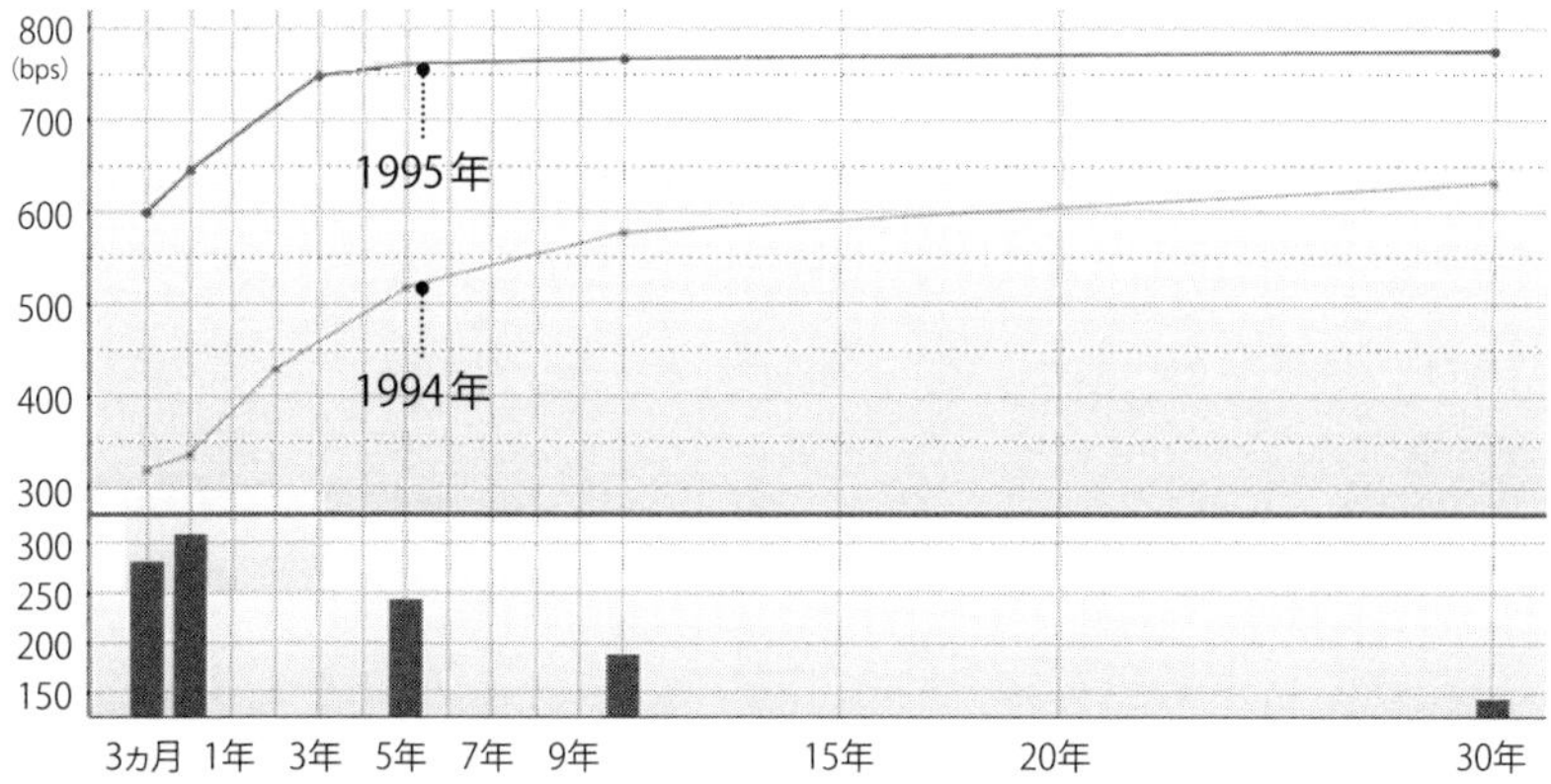

出所：ブルームバーグ社

図表3-7 ● イールドカーブと金融政策の法則（米国）

	短期	長期	イールドカーブ
金融引き締め	大きく上昇	上昇	ベアフラット
金融緩和初期	大きく低下	低下	ブルスティープ
金融緩和後期（ヒーリング期）	横ばい	大きく低下	ブルフラット
金融引き締め	大きく上昇	上昇	ベアフラット

これだけ、金融を短期間に引き締めると、さすがに影響が生じてきます。1995年末にはメキシコの対外債務問題が表面化してきました。結局、1996年2月の利上げがこの金融引き締めサイクルの最後となりました。

以上の米国のパターンをまとめると**図表3―7**のとおりになります。

基本的には、金融引き締め期はフラット化、金融緩和期はスティープ化するのですが、金融緩和の後期（ヒーリング期）においては、イールドカーブがフラット化するという点が大きなポイントです。

米国の例を日本に当てはめてみると……

それでは以上に見た米国の1990年代の例を、いまの日本に当てはめてみたいと思います。

日本の場合、利上げがほとんどなく、ずっと緩和期が続いており、なかなか単純な比較は困難です。現在でも、黒田・日銀は強力な量的緩和を続けています。そこで、ここでは金融緩和後期＝量的緩和期と置き換えてみましょう。すると、前述のイールドカーブと金融政策の法則が当てはまることがわかります。

まず、金融引き締め期（2006年2月～2008年9月）ですが、長期金利の位置はほとんど変化がなく、たんに短いゾーンの金利水準が上がっていることが読みとれると思います（次ページ**図表3―8**）。

日本では最近、金融引き締め期がないのですが、この時期、わずかながら日銀による引き締めが行なわれました。

図表3-8 ● 金融引締め期のイールドカーブ

―― 日本国債イールドカーブと変化の度合い（2006年2月と2008年9月の比較）

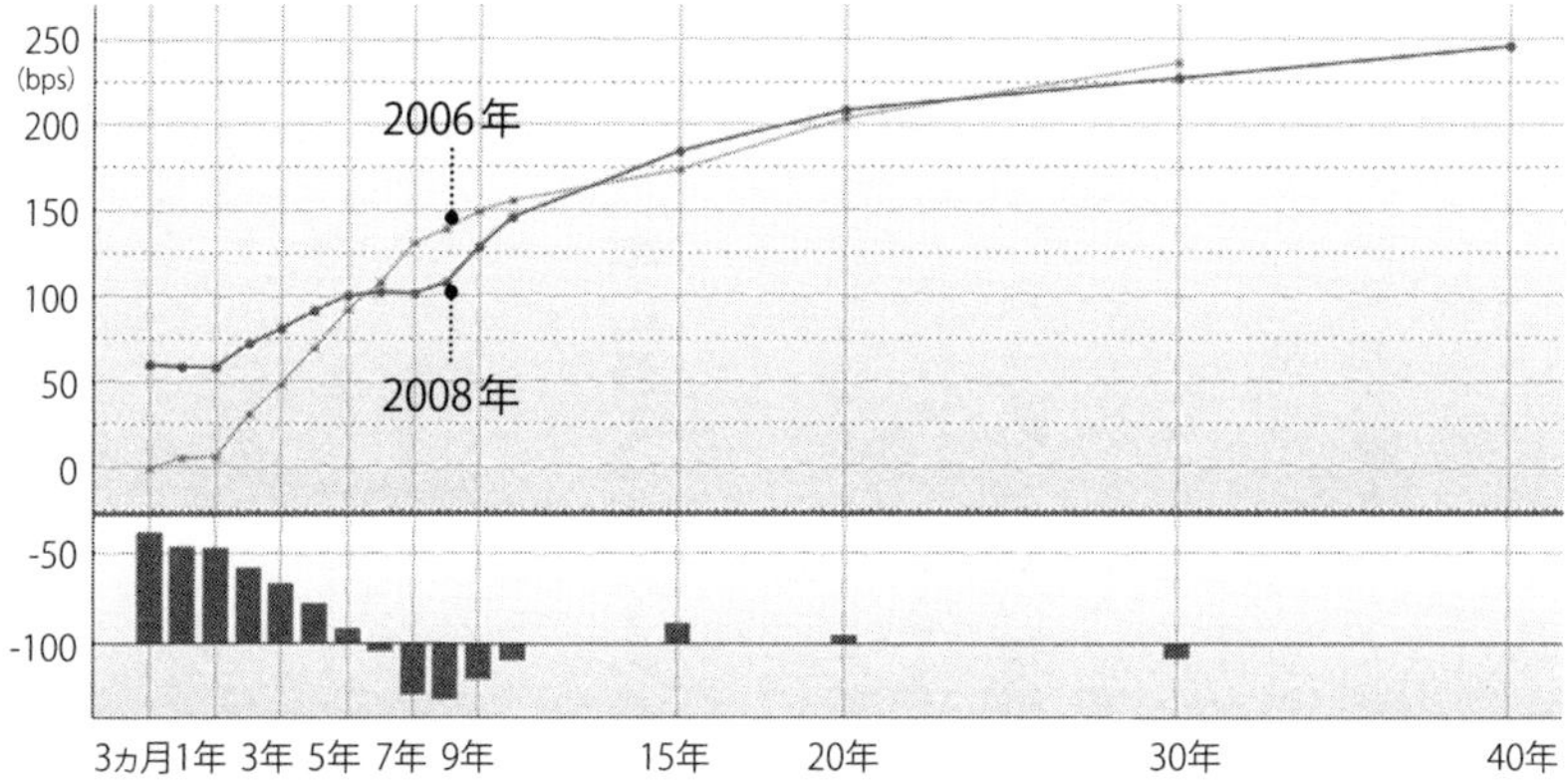

出所：ブルームバーグ社

図表3-9 ● 金融緩和初期のイールドカーブ

―― 日本国債イールドカーブと変化の度合い（2008年9月と2012年12月の比較）

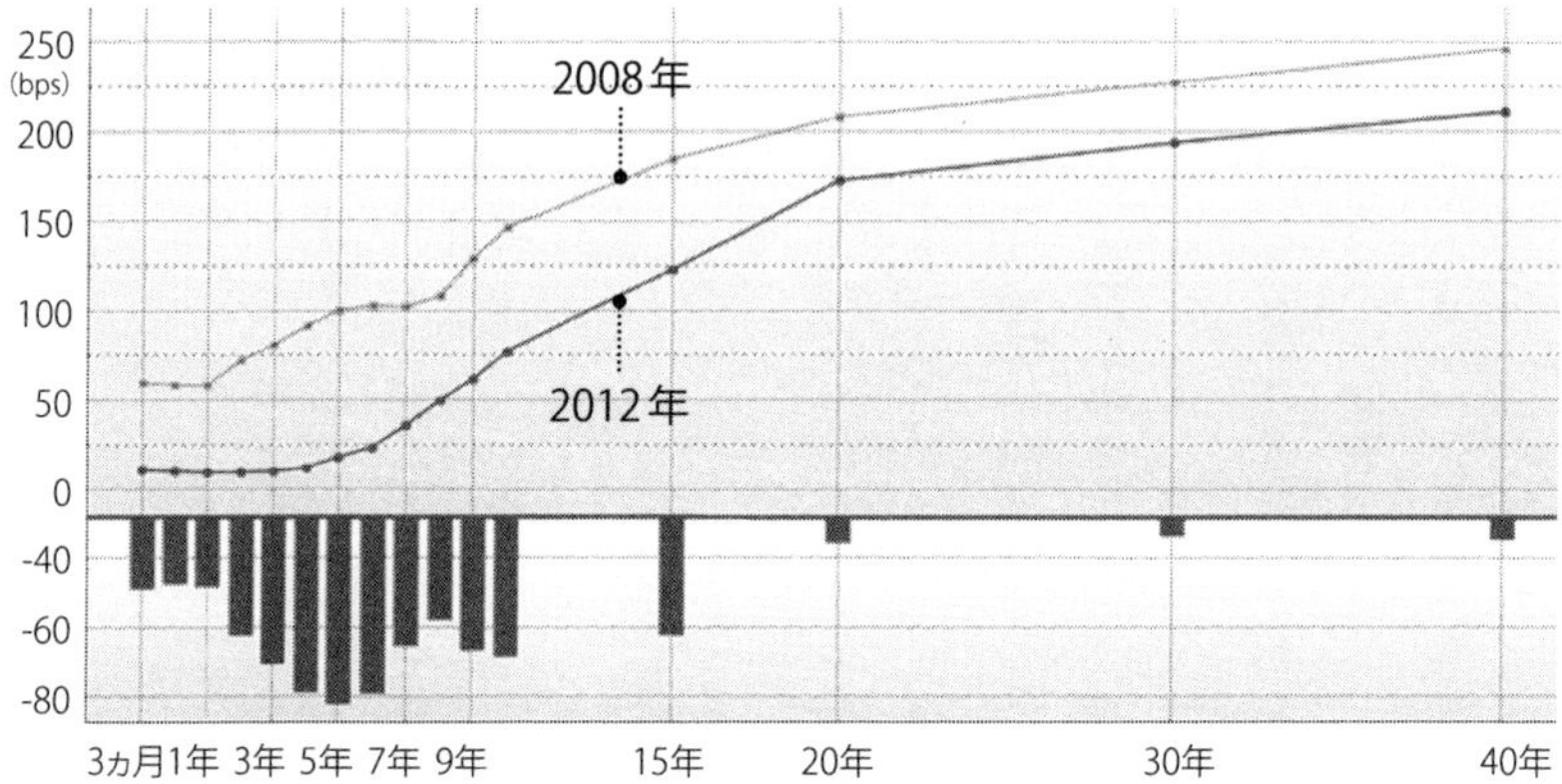

出所：ブルームバーグ社

まず、平成18年（２００６年）３月に「消費者物価の先行きプラス基調が定着する」との見通しから、金融政策の誘導目標を当座預金残高から金利に戻しました。いわゆる量的緩和の解除です。引き続き、平成18年（２００６年）７月にオーバーナイト金利（翌日に返済する取引の金利）を０・２５％へと引き上げて、ゼロ金利を解除しました。そして、翌年の平成19年（２００７年）２月には、オーバーナイト金利は０・５０％へと引き上げられたのです。

この金融引き締めサイクルの利上げは２回のみでした。

次は２００８年10月、リーマン・ショック後の白川・日銀総裁による金融緩和が開始されたところを起点に、イールドカーブの動きをみたいと思います（**図表３―９**）。

白川・日銀の緩和スタンスは、１オーバーナイト金利の引き下げ、２基金創設による、中短期債中心の買入れ、３時間軸効果（一定期間の金融緩和継続を期待させ、手前のイールドカーブを抑え込む）が軸となっています。したがって、白川・日銀時代には、イールドカーブはブルスティープ化しました。ちなみにここでは、第２次安倍政権が発足する直前の平成24年（２０１２年）12月25日を白川・日銀時代の終点としました。

最後は黒田・日銀緩和時代の動きをみてみましょう（次ペ**図表３―10**）。起点は第２次安倍政権が発足した平成24年（２０１２年）12月、そして「マイナス金利政策」が採用される直前の、平成28年（２０１６年）１月までのイールドカーブの動きです。

図表が示すとおり、黒田・日銀時代では大幅なブルフラット化（金利が全体に下落し、長短金利差が縮小すること）が進んだことがわかります。これは、白川・日銀が短期金利引き下げや、時間軸による短めゾーンの金利を金融緩和期待により引き下げることを重視していたのに対して、黒田・日銀では国債買

図表3-10 ● マイナス金利採用直前のイールドカーブ
── 日本国債イールドカーブと変化の度合い（2012年12月と2016年1月の比較）

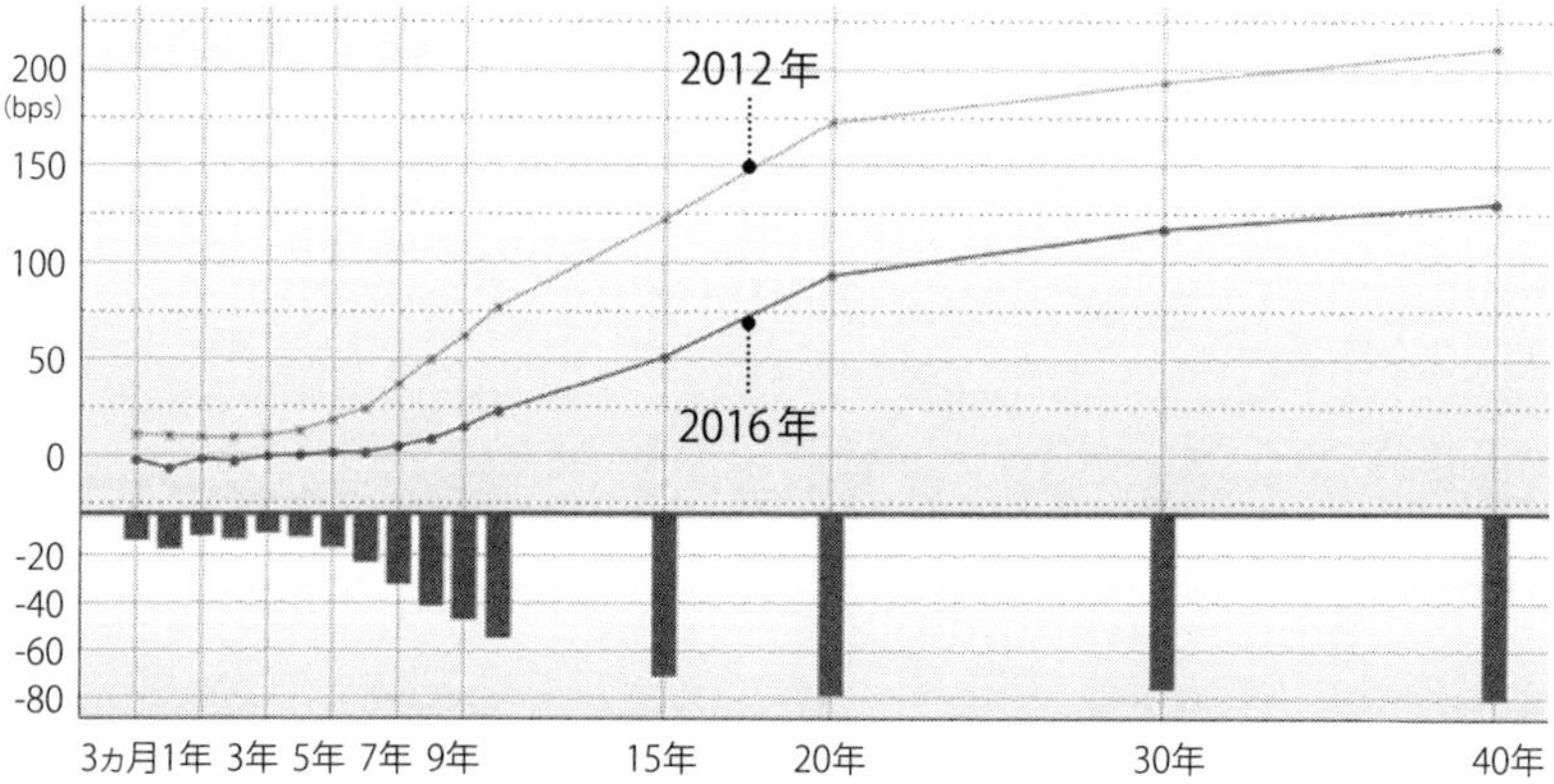

出所：ブルームバーグ社

図表3-11 ● イールドカーブと金融政策の法則（日本）

	日銀総裁	短期	長期	イールドカーブ
金融引き締め (2006-2008)	福井俊彦	大きく上昇	上昇	ベアフラット
金融緩和初期 (2008-2012)	白川方明	大きく低下	低下	ブルスティープ
金融緩和後期1 (2012-2016)	黒田東彦	ほぼ横ばい	大きく低下	ブルフラット

い入れ増額による、マネタリーベースの拡大を目指していたという、緩和手法の違いによるものです。

以上見たとおり、米国の例でのイールドカーブの法則は日本でも適用されることが、証明されました（**図表3―11**）。

LECTURE 3-3

プロの債券投資戦略〈基本編その2〉クレジット戦略

個別企業など発行体の元本償還リスクを判断して投資する

クレジット投資とは何か?

クレジット投資とは信用リスク（クレジットリスク、デフォルトリスク）のある商品、端的にいえば事業債、または広義で地方債、財投機関債、MBS（住宅ローン担保債券）などの一般債に投資することをいいます。

通常、これらの債券は、国債よりは返済されないリスクが高いので、その分の上乗せ金利（スプレッド）が支払われます。このため、クレジット商品のほうが国債に比べて利回りが高くなります。したがって、満期まで保有した場合の最終利回りは、国債よりも高くなるのが普通です。

〈例〉

A社事業債利回り＝国債利回り＋スプレッド（上乗せ金利）

10年金利＝1％、スプレッド1％（100bps）とすると、A社債の利回りは2％となります。

このように、クレジット投資はスプレッド分だけリターンが有利になりますが、クレジット投資を行なうにあたっては、なぜスプレッドが存在するのかを把握しておく必要があります。

教科書的に考えると、スプレッドは以下の2つの要素で構成されるといわれています。

①クレジット・スプレッド

クレジット・リスク（信用リスク）に起因するスプレッド。つまり、当該クレジットのデフォルトによる元本毀損リスクに対する対価。

②流動性プレミアム

国債等に対して、債券の発行額や流通量が少ないため、いざというとき売りにくい、つまり、流動性が乏しいことに対する対価。

この2つのうち、満期までの保有を考えると、重要なのは、①のクレジット・リスクです。

仮に5年債という債券の償還までの期間を考えると、5年後に元本が償還される可能性、言い換えると、その5年の期間内にデフォルトする確率が織り込まれていると考えることができます。

つまり、最終的にデフォルトせず、元本償還が滞りなく実施されれば、投資家は利回りを獲得できます。

もちろん、デフォルトした場合でも、元本分をその後回収できる可能性がないわけではありません。

しかし、その確実性は100％ではありませんし、回収に時間もかかるので、ここでは単純化のために、デフォルトするかしないかということを主眼に考えることにします。

この当該クレジットの元本償還能力を分析することが、まさにクレジット分析の要諦となります。

クレジット分析の手法

クレジット分析は大きく分けると、ここで説明するミクロの企業分析と、150ページ以下で説明するマクロのクレジットサイクル分析の2つがあります。

ミクロの企業分析については、特別な手法はありません。基本的には、銀行が貸し出しの際に行なっている審査と大差はありません。ただ、投資家の場合は、銀行の融資と異なり、取引先ではなく、あくまでも投資先なので、得られる情報が基本的には公開されているものに限定されます。

ミクロの企業を分析に際しては、以下のツールが存在します。

①企業の財務分析

決算短信など決算書、決算説明会のプレゼンテーション資料などのIR情報です。これらは通常、各企業のホームページに掲載されています。機関投資家であれば、決算説明会で具体的な説明を経営陣から聞くことも可能です。

②外部アナリストの見方

通常、債券を起債する場合、格付け機関の格付けを取得します。それに際して、格付け機関のアナリストが分析し、レポートを公開します。格付け機関の場合、ある程度当該企業の詳細なデータにアクセスすることが可能ですから、その結果は、相応に信頼性の高いものになります。

ファンドを運用している機関投資家の場合、自分たち独自の分析がどうあれ、一定の格付け以上の事業債しか購入できないといった制約があるので、外部格付けについてもフォローしておく必要があります。

また、格付け機関以外にも、証券会社のアナリストの意見を参考にすることがあります。一般の投資家はむずかしいかもしれませんが、機関投資家の場合、これらの証券会社の情報にもアクセス可能です。外部のアナリストに全面的に依存することは望ましくありませんが、自らの見方の確認、補強に使うのであれば、一定の有用性があると思われます。

③株価・CDS（クレジット・デフォルト・スワップ）の活用

場合によっては、株価やCDSを参考にすることもあります。たとえば、投資する対象の企業の株価が大きく下げているとしたら、その企業への投資を差し控えようとするでしょう。おそらく、何か悪いニュースが潜在的にあるのかもしれません。

CDS（Credit Default Swap＝クレジット・デフォルト・スワップ）の水準をチェックすることもクレジット投資では有用です。一般的に日本の事業債は流動性が劣り、取引もわかりづらいのですが、CDSの場合、対象銘柄が大企業に限定されますが、これらについては、比較的取引が活発で水準もわかりやすいという特徴があります。現債券とCDSを組み合わせた「クレジット・リンク・ノート」を組成して、それを投資家が買うということも通常行なわれています。

実例研究① ローベータとハイベータ（通信業界）

ここでは通信業界を例に、実際の企業のクレジット・スプレッドの動きを見てみます。NTTとソフトバンクはどちらも、純利益の規模が5000億円以上の日本有数の企業です。しかし、スプレッドの動きはまるで違います。ソフトバンクは動きが激しいのに対して、NTTは比較的安定感があります。

一般的には、NTTのようなクレジット銘柄を「ローベータ」、ソフトバンクのような変動の激しいクレジット銘柄を「ハイベータ」と呼んでいます。

図表3-12 ● NTTとソフトバンク（主要財務データ比較、単位：億円、2015年3月期）

	NTTグループ	ソフトバンク
売上高	110,953	86,702
営業利益	10,846	9,827
純利益	5,181	6,684
自己資本比率	41.90%	13.5%
ネットDER	×0.41	×3.62

出所：ブルームバーグ社

なぜ、こんなに違うのでしょうか？
まずＮＴＴですが、連結ベースの財務がとても安定しています。一方、ソフトバンクは、米国大手通信会社のスプリント社の買収などもあり、財務が毀損してしまいました（**図表３―12**）。また、それに関連して両者の経営・財務戦略にも違いがあります。ＮＴＴは比較的、保守的なのに対して、ソフトバンクはレバレッジを効かせて積極的な買収を行ない、リスクをとる経営スタイルです。

　株式市場では、ソフトバンクのような経営は評価されますが、クレジット市場では、安定性が選好される傾向があります。したがって、ＮＴＴのような企業はスプレッドが小さくなり、ソフトバンクは大きく、かつ激しく変動するのです（**図表３―13**）。

　他方、クレジットとしてのソフトバンクの魅力は、何といっても大きなスプレッドです。たしかに財務比率は劣りますが、一方で、ア

図表3-13 ● NTTとソフトバンク（5年CDSの比較）

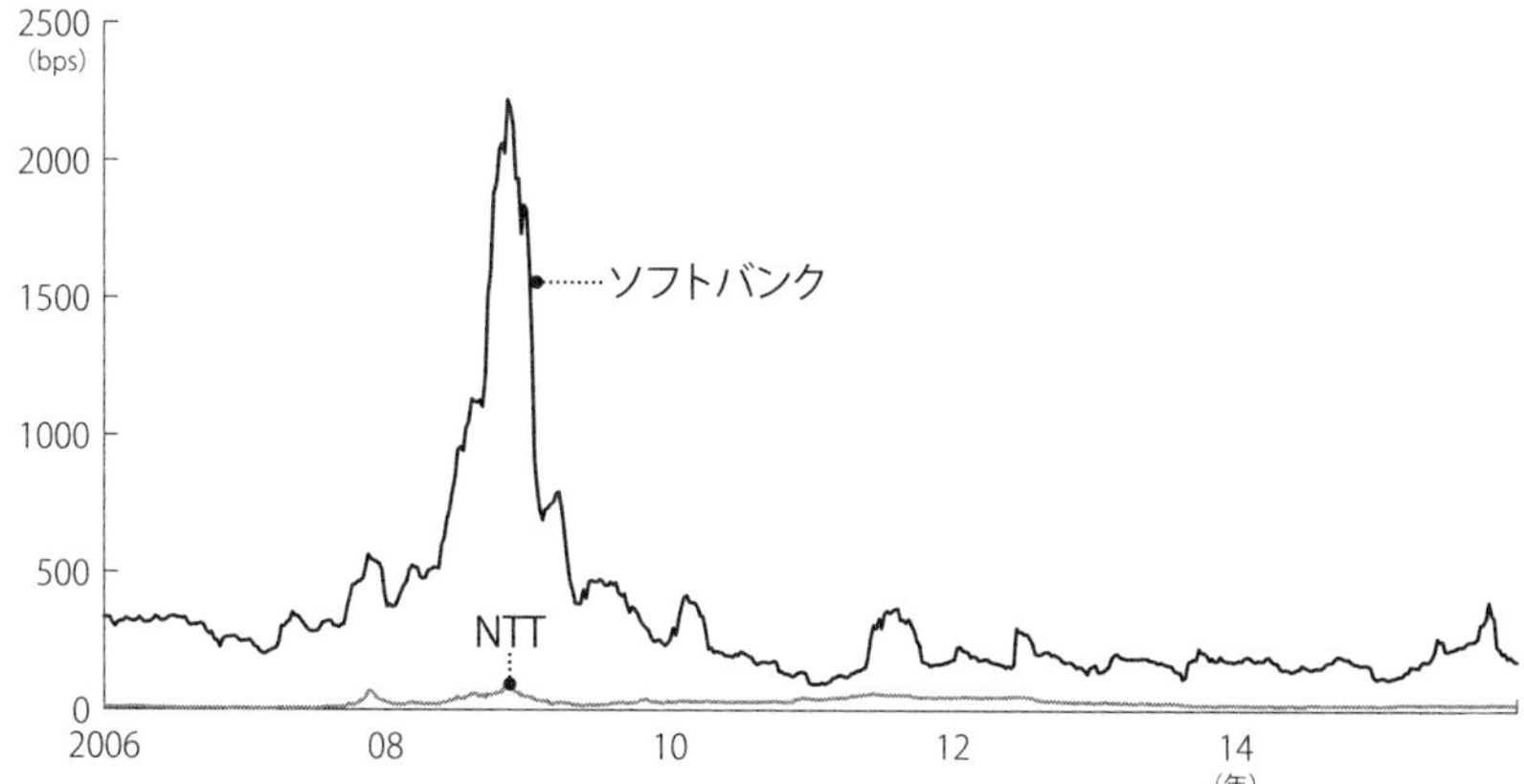

出所：ブルームバーグ社

リババやヤフージャパンなどの保有株式の巨額な含み益の存在があります。また、スプレッドの変動が大きいというのは、トレーディングという側面からはむしろプラスとの見方もできます。

実例研究② ローベータとハイベータ
（電気・ガス業界）

電気・ガス業界の例も見てみましょう。

東京電力と東京ガスは両方とも公益企業として地域独占という安定的な地位を反映して、クレジット・スプレッドもずっと低位安定していました。

それが、2011年に突然、状況が変わりました。東日本大震災に伴う原発事故を機に、東京電力のスプレッドは急拡大しました。

その後、紆余曲折を経て、ようやく政府によるサポートのしくみが構築され、経営の安

図表3-14 ● 東京電力と東京ガス（5年CDSの比較）

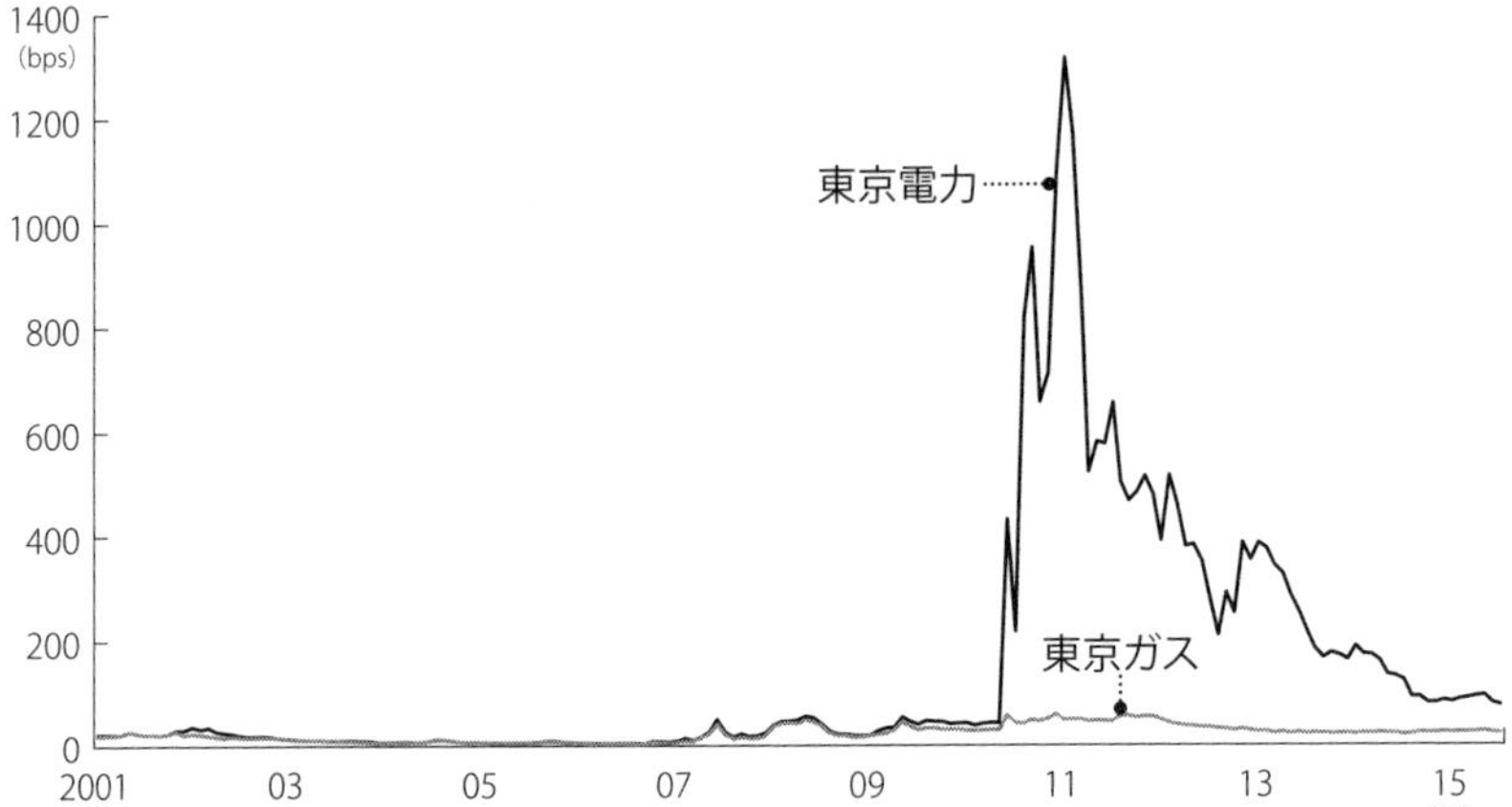

出所：ブルームバーグ社

定性が認められるようになり、東京電力のスプレッドは少しずつ元のレベルへと回帰しています（**図表3―14**）。

実例研究③　イベントリスク

この東京電力の事例のように、突発的な事象によりスプレッドが急拡大することを、「イベントリスク」と呼びます。本来、業績の悪化は前兆があり、緩やかに進行します。しかし、「イベントリスク」は突然襲ってきます。

良い企業ほどスプレッドがタイトで、みなが安心して保有していますから、ネガティブなイベントが発生した際のリアクションは大きくなります。

ここでは、世界的な大手石油会社、ＢＰ（British Petroleum）を例にとって説明します。

ＢＰはかつて「セブンシスターズ」と呼ばれる世界7大石油会社の一つでした。安定した収益力と財務基盤で、そのクレジットはずっと低位安定を続けていました。しかし、２０１０年にメキシコ湾で原油流出事故が発生します。これは、ＢＰの石油掘削施設「ディープウォーター・ホライズン」がメキシコ湾で誤って、原油を流出させてしまったという事故です。当時は、マーケットニュースで、延々と原油が流出するという、かなり刺激的な映像が流され、一気にＢＰに対する経営不安が高まりました。

この事故は最終的に、米国政府および湾岸5州に対して、１８７億ドル、日本円にして約2兆円の賠償金を支払う形で和解が成立しました。2兆円という金額は巨額ですが、18年間の分割支払という形で決着しました。BPの財務は毀損したものの、業態は維持されることが明確になりました。

これに伴い、BPのクレジット・スプレッドは**図表3―15**のように一応は安定化しました。

ここで見るとおり、2010年のクレジット・スプレッドの急拡大は極めて短期間で終了したことがわかります。

もっとも、賠償金支払の負担に加えて、ここ最近の原油価格の下落もあり、スプレッドが元の水準には戻りきれていないことにも、留意すべきでしょう。

・P119　注8：アラン・グリーンスパン『波乱の時代（上）』（日本経済新聞出版社）2007年

図表3-15 ● BP（5年CDSの推移）

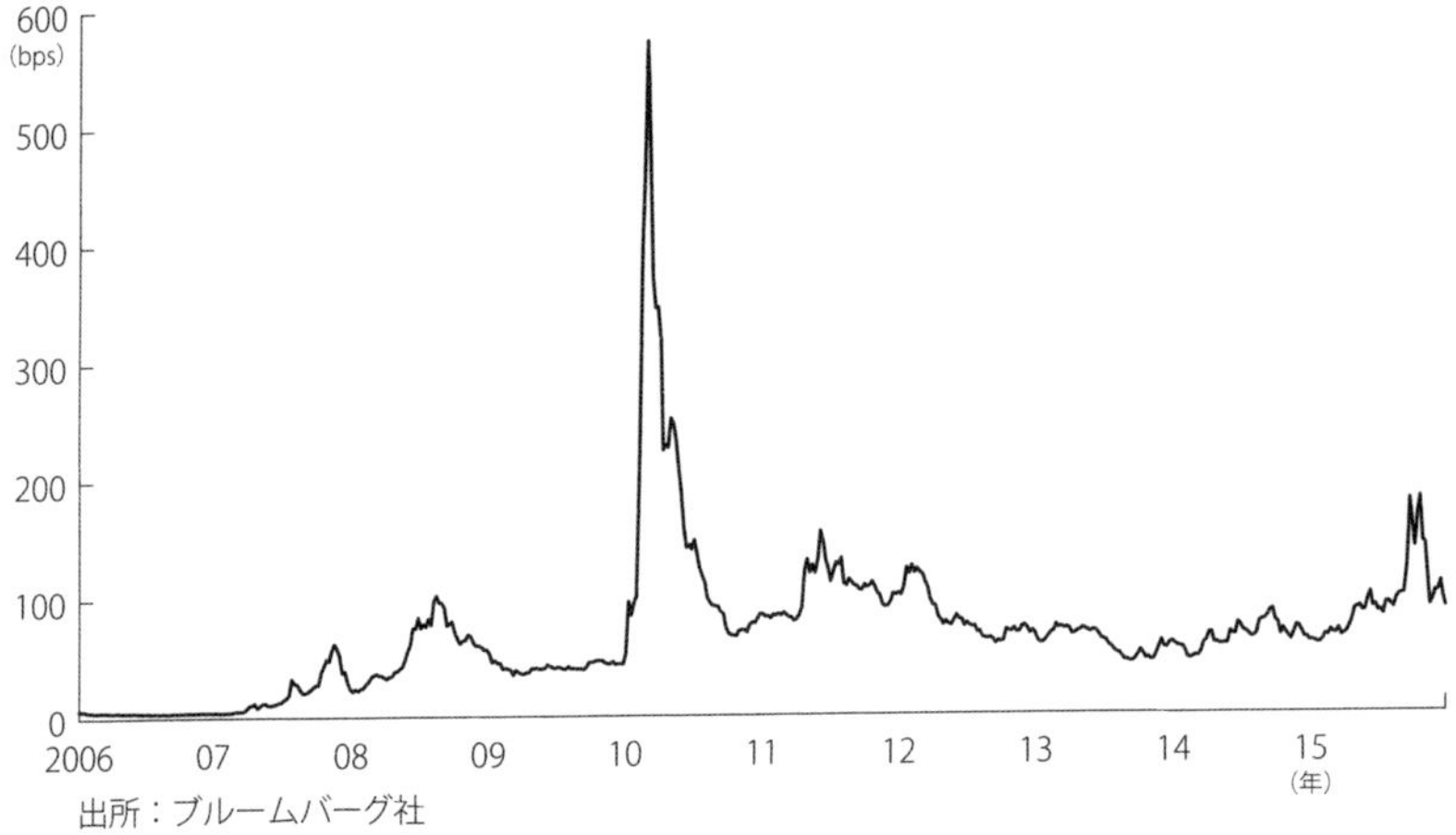

出所：ブルームバーグ社

第4章

UNDERSTANDING BONDS & INTEREST RATES

プロの債券投資戦略（実践編）

LECTURE 4－1

プロの債券投資戦略〈実践編その1〉イールドカーブ戦略

イールドカーブの形に対してどのような運用を行なうのか

デュレーションとは？

ここでは、イールドカーブの動きを実際の運用に落とし込んでみます。

まず、最初にイールドカーブ戦略の前提となる「デュレーション」という概念を確認しておきましょう。

デュレーションとは、一言でいうと、「債券の価格変動性」、つまり金利の変動に対する感応度です。**図表4―1**では、年限別の修正デュレーションが示されています。たとえば、5年は2年の約2・4倍（4・87÷2・00）の感応度を有することになります。修正デュレーションが2・00というのは、利回りが1％上昇したら債券価格は2％下がり、利回りが1％低下したら債券価格は2％上昇することを意味します。

それでは、デュレーションの概念を使って、実際にポートフォリオを構築してみます。

これに関しては大きく分けて、2つの方向性があります。

1つ目は積極的にデュレーションをとるスタンスです。この場合、金利が下落して債券価格が上昇するとプラス、金利が上昇するとマイナスというように、金利の方向性に賭けるという、極めてディレクショナルな戦略になります。2つ目は、デュレーションを一定にして、イールドカーブの方向性、つまりは形状の変化が生じると利益が出るようなポジションをとる戦略です。

ここでは、この2つ目のイールドカーブ戦略を駆使した、ポートフォリオの構築を考えてみたいと思います。

ポートフォリオの構築の実際

デュレーションを一定にして、イールドカ

図表4-1 ● 日本国債の年限別修正デュレーション（2016年4月27日時点）

	修正デュレーション
2年	2.00
5年	4.87
7年	6.94
10年	9.84
20年	19.10
30年	26.79
40年	31.43

ーブの形状変化を想定したポートフォリオを構築してみましょう。この場合、以下の3つの運用方法があります。

①ラダー型

短期債から長期債まで均等に保有する。この場合、イールドカーブの変化に対しては中立です。

②ブレット型

イールドカーブの中心を多く保有するポートフォリオです。イールドカーブの中心といっても、とくに決まった年限の定義はありませんが、一般的には5年から20年程度です。

③バーベル（ダンベル）型

ブレット型とは逆に、イールドカーブの両サイドを厚く保有する形。たとえば、3年までの短期債と30年、40年と言った超長期債を厚く保有します。

仮に100億円の資金があった場合、それを使って単純なポートフォリオを作成すると**図表4－2**のとおりになります（ここでは、修正デュレーションは8年とします）。これらのポートフォリオの合計のデュレーションはほぼ同じですが、イールドカーブリスクのとり方が異なっています。基本的には、2のブレット型が最も攻撃的で金利低下に強く、3のバーベル型は、金利が上がっても下がっても一部で儲けが出るため、ディフェンシブな布陣と見られています。

図表4-2 ◎ イールドカーブ戦略3種類のポートフォリオ

①ラダー型

年限	金額（億円）	修正デュレーション
2年	20	2.00
5年	20	4.87
10年	20	9.84
20年	20	19.10
30年	20	26.79
合計	100	12.52

②ブレット型

年限	金額（億円）	修正デュレーション
2年	10	2.00
5年	15	4.87
10年	35	9.84
20年	35	19.10
30年	5	26.79
合計	100	12.40

③バーベル型

年限	金額（億円）	修正デュレーション
2年	33	2.00
5年	15	4.87
10年	10	9.84
20年	15	19.10
30年	27	26.79
合計	100	12.47

ポートフォリオの構築の実際
（ベンチマーク運用の場合）

この項はやや専門的になるので、一般の方は読み飛ばしていただいてかまいません。

実際の運用の場合、とくに年金運用などでは、多くはベンチマークと比較して、どれだけ上回っているかが問題になります。

2016年5月時点において、NOMURA−BPI総合やシティ国債インデックスなどのデュレーションは、大体8・8年程度です。したがって、ポートフォリオのデュレーションも、これに合わせて構築する必要があります。

むろん、アクティブ運用の場合は、デュレーションから乖離することで、超過リターンを狙うわけですから、ベンチマークのデュレーションとまったく同じである必要はありま

図表4-3 ● ベンチマークを意識したポートフォリオ戦略

①ラダー型　なし

②ブレット型

年限	金額（億円）	修正デュレーション
2年	15	2.00
5年	30	4.87
10年	35	9.84
20年	20	19.10
30年	0	26.79
合計	100	9.03

②バーベル型

年限	金額（億円）	修正デュレーション
2年	54	2.00
5年	20	4.87
10年	0	9.84
20年	0	19.10
30年	26	26.79
合計	100	9.02

せん。しかし、通常はまったく無制限にリスクをとることが容認されているわけではなく、運用ガイドラインにおいて、一定の許容される幅が設定されています。

ここでは、ベンチマークに対してほぼ中立の総額100億円のポートフォリオを構築することにします。ターゲットデュレーションは約9年程度です。この場合、ラダー型は、超長期の債券まで同額を買うという戦略であるため、ディレーションのリミットを超過してしまうので、2のブレット型と3のバーベル型の2種類になります。

その結果が**図表4－3**です。

金融引き締め局面を意識したイールドカーブ戦略（バーベル型）

次に、基本編で学習したように、金融政策によるイールドカーブの変化に対応したポー

図表4-4 ● 金利上昇を意識したポートフォリオ戦略

中立バーベル型

年限	金額（億円）	修正デュレーション
2年	54	2.00
5年	20	4.87
10年	0	9.84
20年	0	19.10
30年	26	26.79
合計	100	9.02

ディフェンシブなバーベル型

年限	金額（億円）	修正デュレーション
CASH	20	0.00
2年	37	2.00
5年	20	4.87
10年	0	9.84
20年	0	19.10
30年	23	26.79
合計	100	7.88

トフォリオを構築します。

まず、金融引き締め期について考えてみます。この局面では、金利水準が全体的に上昇します。さらに、イールドカーブはベアフラット化します。したがって、最適なポートフォリオはカーブの両端を保有するバーベル型です。

ここでは先ほどのベンチマーク中立型から、金利上昇（価格下落）を想定し、デュレーションを1年程度短期化して約8年以下にした、ディフェンシブなポートフォリオを構築します（前ページ**図表4―4**）。2年債の代わりに、キャッシュ（現金）の項目を新たに設けました。

金利引き締め期では基本的に2年金利が大きく上昇する（価格が下落する）ことになるので、こちらのほうが、よりディフェンス性の高いポートフォリオになります。もちろん、現金比率20%というのは、一般的なポートフォリオに比べると高いわけですが、ここではディ

図表4-5 ● 金利低下を意識したポートフォリオ戦略

中立ブレット型

年限	金額（億円）	修正デュレーション
2年	15	2.00
5年	30	4.87
10年	35	9.84
20年	20	19.10
30年	0	26.79
合計	100	9.03

アグレッシブなブレット型

年限	金額（億円）	修正デュレーション
CASH	0	0.00
2年	5	2.00
5年	30	4.87
10年	40	9.84
20年	25	19.10
30年	0	26.79
合計	100	10.27

フェンス性を強調するため、あえて現金比率を高めてみました。

金融緩和局面を意識したイールドカーブ戦略（ブレット型）

次は、金融緩和期における債券ポートフォリオついて考えてみます。

この局面では、金利水準が全体的に低下します。さらに、イールドカーブはブルスティープ化します。したがって最適なポートフォリオは、イールドカーブの中心を保有するブレット型です。**図表4—5**はその一例です。

ここでは、先ほどのベンチマーク中立型から、金利低下（債券価格上昇）を想定して、デュレーションを1年程度長期化し、アグレッシブなポートフォリオを構築します。

ベンチマークに中立なポートフォリオと比べて、10年と20年の比率を高めて、デュレーションを長期化しています。10年と20年は金利低下幅だけをとると、金融緩和期の初期では、短中期債に比べて劣るものの、デュレーションが長く、価格上昇の幅で、むしろ妙味があるので、このセクターを積み増しています。

その1のディフェンシブなブレット型では、現金比率を高めましたが、ここではできる限り現金を保有せず、債券への投資比率を高めているのが要諦です。

LECTURE 4－2

プロの債券投資戦略〈実践編その2〉キャリーロール戦略

ロール効果を活用してどのような運用を行なうのか

キャリーロールとは？

この節は全体に実務的な内容ですので、一般の方は読み飛ばしていただいてかまいません。やや専門的になりますが、キャリーロール（carry and roll）戦略とは、債券運用を理解するうえで、とても重要な概念です。

一言でいえば、価格変化（金利の変化）を前提としない場合の、一定のタイムフレームにおける、債券の期間損益を指します。

まず、狭義のキャリーはクーポン収入、すなわち利息収入です。一方、ロールはロールダウン効果、すなわち債券の期間構造が右肩上がり、すなわち残存年数が短いほど金利水準が低くなることを前提に、一定期間保有することで得られるキャピタルゲイン収益のことを指します。

図表4―6は、やや古いデータですが、まだ日本の国債利回りがプラスであったころの残存年数別

の利回りとロール効果を示しています。ロール効果は1年後の利回り低下幅、つまり1年残存が短い債券との利回りの差、という形で算定されます。

厳密に言うと、各債券の利率（クーポン）が同一でないので、複利で算定する必要があるのですが、ここでは単純化のために、単利でのロール効果を計算しています（1年間保有した場合）。

この時点では、8～10年セクターのロール効果が比較的高いことがわかると思います。これに、1年分のキャリー（利息収入）を加えたものが、当該債券を保有した場合の期間損益となります（次ページ**図表4－7**）。

もちろん、各年限の金利水準は状況に応じて変化します。したがって、金利水準が変化しないという前提は非現実的かもしれません。しかしながら、金利の動きを予想するのは困難なので、ある一定期間債券をホールドする

図表4-6 ● 2014年9月22日時点の日本国債ロール効果

残存年数	利回り　単利（%）	ロール（1年間、bps）
1	0.025	2.5
2	0.065	4.0
5	0.175	3.7
6	0,215	4.0
7	0,290	7.5
8	0.385	9.5
9	0.470	8.5
10	0.555	8.5

投資家にとっては、基本的な収益力という観点から、キャリーロール分析は有益なものといっていいでしょう。

リスク調整後のキャリーロール

右肩上がりのイールドカーブを前提にすると、期間の長い債券ほどクーポンは高くなります。したがって、相対的にキャリーロールも高くなります。

しかしここで疑問が湧いてきます。期間の長い債券、つまりデュレーションの長い債券ほど、金利感応度が高い、すなわちリスクが高いのではないかという疑問です。

そこで、リスクを同一に調整した、リスク1単位当たりのキャリーロールで比較することが必要となります。

ここでは、単純に残存年数で割ったものを、

図表4-7 ● 2014年9月22日時点の日本国債キャリーロール効果

残存年数	利回り (bps)	ロール (1年間、bps)	キャリー＆ロール
1	0.0	2.50	2.50
2	6.5	4.00	10.50
5	17.5	3.67	21.17
6	21.5	4.00	25.50
7	29.0	7.50	36.50
8	38.5	9.50	48.00
9	47.0	8.50	55.50
10	55.5	8.50	64.00

リスク1単位のキャリーロールとします。その結果が、**図表４－８**になります。この結果を見ると、残存10年の債券がいちばん魅力的という結論になります。

ブルフラットニングに対応したキャリーロール戦略

最後にこのキャリーロール戦略を活用した、イールドカーブ戦略について説明しましょう。

金融緩和後期では、イールドカーブがブルフラット化します。そこで、ブルフラット化に対応したポートフォリオを構築したいと思います。

まず、次ページ**図表４－９**をご覧ください。

これは、黒田日銀のＱＱＥ２（バズーカ2＝ハロウィーン緩和）前日の各年限別のキャリーロール状況が示されています。この時点で、新規のポートフォリオを組んだと仮定すると、ど

図表4-8 ◉ 2014年9月22日時点のリスク調整後日本国債キャリーロール効果

残存年数	利回り（bps）	ロール（1年間、bps）	キャリー＆ロール	リスク調整後
1	0.0	2.50	2.50	2.50
2	6.50	4.00	10.50	5.25
5	17.50	3.67	21.17	4.23
6	21.50	4.00	25.50	4.25
7	29.00	7.50	36.50	5.21
8	38.50	9.50	48.00	6.00
9	47.00	8.50	55.50	6.17
10	55.50	8.50	64.00	6.40

図表4-9 ● 2014年10月30日時点のリスク調整後日本国債キャリーロール効果

		A	B	C	A+C	(A+C) /B
年限	償還日	利回り (%)	デュレーション	ロール (bps)	リターン (bps)	同リスク 1単位 (bps)
2	2016/9/20	0.016	1.85	0.4	2.0	1.08
5	2019/9/20	0.113	4.73	4.0	15.3	3.24
7	2021/9/20	0.206	6.64	6.0	26.6	4.01
10	2024/9/20	0.466	9.63	9.2	55.8	5.80
15	2029/9/20	0.896	12.96	10.8	100.4	7.75
20	2034/9/20	1.323	17.31	5.6	137.9	7.97
30	2044/6/20	1.649	23.12	2.0	166.9	7.22
40	2054/3/20	1.802	28.39	0.9	181.1	6.38

図表4-10 ● 大幅にフラット化したイールドカーブ

―― 日本国債イールドカーブと変化の度合い (2014年10月30日と2015年10月30日の比較)

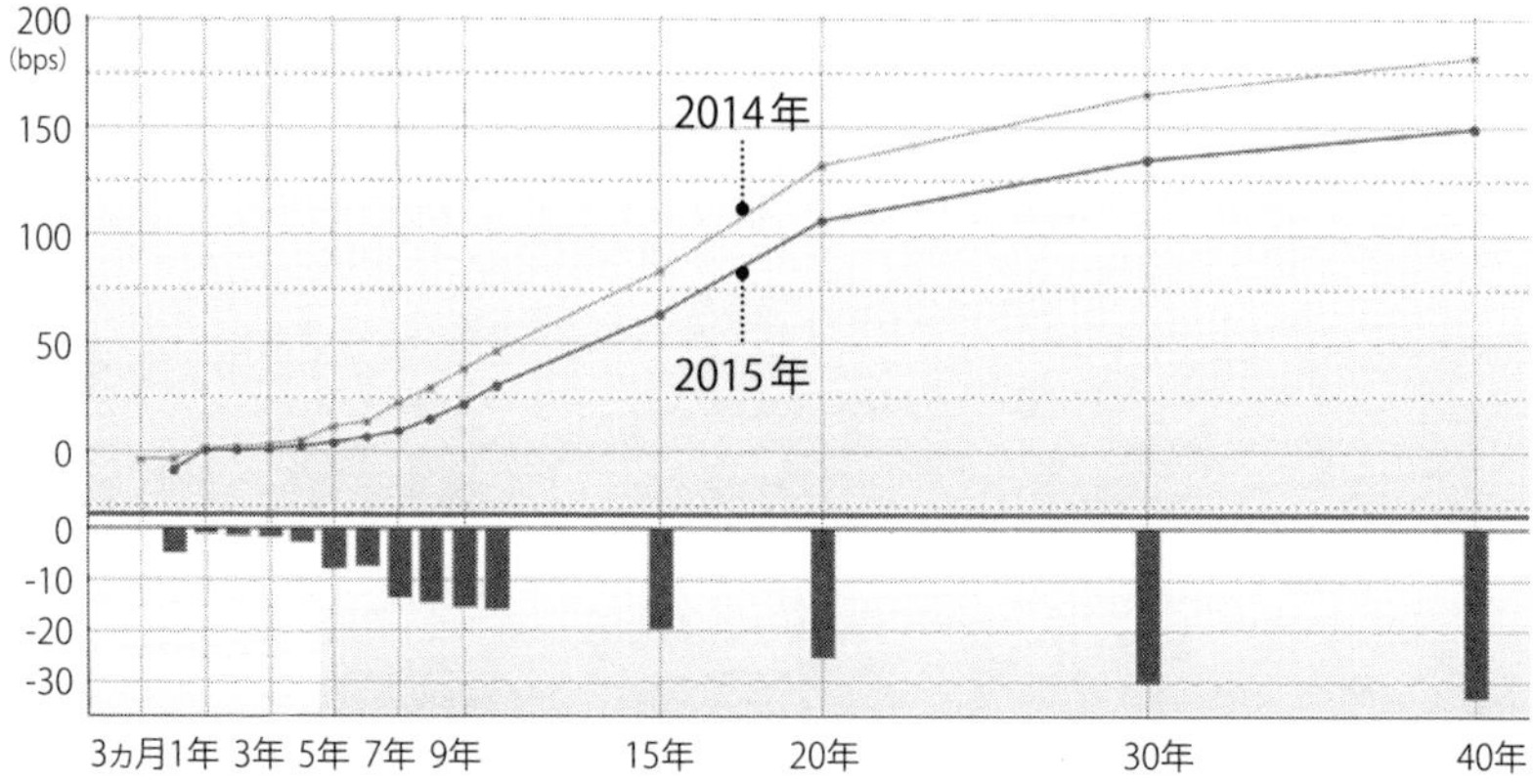

出所：ブルームバーグ社

の年限を組み入れるべきでしょうか。

大きくいうと、リスク1単位当たりのキャリーロールで7bpsを超えているのが、15年・20年・30年です。したがって、この年限を組み入れながら、残りをデュレーションマネジメントに使うという戦略が有効かと思われます。

実際には、黒田・日銀のQQE2の効果もあり、1年後のイールドカーブは大幅にフラット化しました（**図表4―10**）。

キャリーロールは、イールドカーブが不変であることを前提に計算されたリターンですが、実際には、高いキャリーロールに加えて、キャピタルゲインも加わり、相乗効果で高リターンのポートフォリオを組むことができたという結論になります。

LECTURE 4-3

プロの債券投資戦略〈実践編その3〉クレジット戦略

クレジットサイクルに応じてどのような運用を行なうのか

クレジットサイクルとは何か？

基本編で解説したクレジット投資について、より深掘りしていきたいと思います。

クレジット投資で成功するためには、「クレジットサイクル」という概念をまず理解することが重要であると考えられます。

クレジットは4つのサイクルに分けられます。したがって、まずはいま、どのサイクルにいるのかを把握することが、クレジット投資を行なううえで重要になります。

クレジットの4つのサイクルは、①悪化期→②回復期→③拡大期→④成熟期と移っていきます。それをまとめたのが、**図表4—11**になります。

①悪化期

クレジット悪化期は、季節でいうと冬。当然、デフォルト率が増加して、それを反映してスプレッドは拡大します。日本では、1990年代や2000年初頭の金融危機、米国では2007~2008年のリーマン・ショックといった時期に、極端なスプレッドの拡大が生じました。

②回復期

しかし、季節でも冬が過ぎれば春がくるように、いずれこの危機は政策対応により収束します。危機が収束して春を迎えるタイミングは、まさにクレジット投資の絶好のタイミングです。この時期はまだ金利もブルフラット化しているので、長期ゾーンのクレジット商品を積極的に買っていきます。

③拡大期

景気が回復して企業業績も軌道に乗ってく

図表4-11 ● クレジットサイクルの推移

	季節	サイクル	スプレッド	金利
①	冬	悪化期	拡大	ブルスティーブ
②	春	回復期	タイト化	ブルフラット
③	夏	拡大期	横ばい	ベアフラット
④	秋	成熟期	横ばい	横ばい

ると、いよいよ金利が上昇します。夏の季節の到来です。この局面では中央銀行による金融引き締めも実施され、その分、景気にブレーキがかかりはじめますが、まだまだ景気の勢いは強く、クレジット・スプレッドは安定的に推移します。

④成熟期

景気が成熟してくると、少しずつ企業業績も鈍化してきます。ただこの時点では、まだ企業のデフォルト率は安定しており、クレジット・スプレッドも安定した状態を維持しています。この季節でいうと秋の時期に、そろそろ「冬」に向けての準備をしておく必要があります。

クレジットサイクルの具体例——日産自動車

それでは、このクレジットサイクルを実際の企業のクレジットに当てはめてみましょう。ここでは、日産自動車を取り上げます。

日産自動車は日本を代表する大手自動車メーカーですが、今日に至るまで紆余曲折がありました（**図表4―12**）。１９９０年代にはバブル崩壊で経営が悪化。ルノーが資本参加することで、ゴーン社長のもと、経営を立て直します。

日産固有のクレジットイベントもありますが、基本ルノーが出資比率を高めた２００２年あたりが、季節でいうと早春、投資開始のタイミングになりました（**図表4―13**）。

図表4-12 ◎ 日産自動車の歴史

1910（明治43）年	鮎川義介が戸畑鋳物設立
1911（明治44）年	橋本増治郎が快進社自動車工業設立
1925（大正14）年	快進社がダット自動車を設立
1931（昭和6）年	ダット自動車が戸畑鋳物の傘下に入る
1934（昭和9）年	日産自動車に社名変更
1958（昭和33）年	乗用車の対米輸出開始
1985（昭和60）年	生産累計4000万台を達成
1988（昭和63）年	セドリックシーマFY31型発売
1990年代	バブル崩壊で経営悪化
1999（平成11）年	ルノーが資本参加。カルロス・ゴーン氏が社長就任
2002（平成14）年	ルノーが株式保有比率44.4%に引き上げ

図表4-13 ◎ 日産自動車のクレジット・スプレッド（CDS）の推移

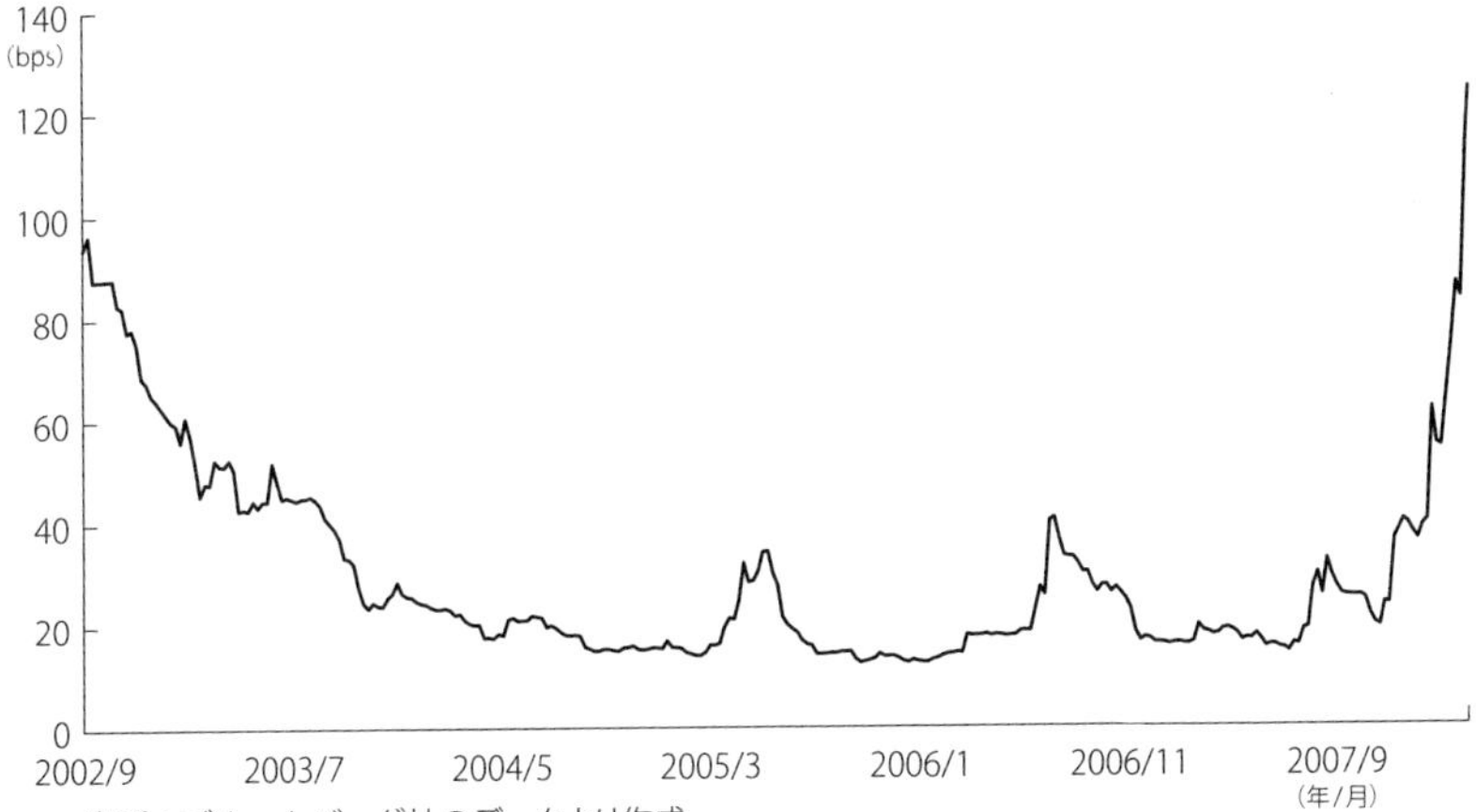

出所：ブルームバーグ社のデータより作成

厳密に区切るのはなかなかむずかしいのですが、おおまかにいえば、ルノー出資後、2002年〜2004年ごろまでが「春」、2004年から2006年が「夏」、2006年から2007年までが「秋」、米国サブプライム問題が顕在化してスプレッド拡大が開始した2007年からが「冬」と、ここでは区切ることができると思われます。

若干、結果論になりますが、2007年の「冬」になるまでに買いは手仕舞い、慎重に対応することがベストであったと考えられます。

LECTURE 4-4

プロの債券投資戦略〈実践編その4〉インターマーケット戦略

市場間の相関に基づいてどのような運用を行なうのか

インターマーケット戦略とは何か?

インターマーケット戦略とは、端的にいえば、市場間の相関を導き出し、それに基づいて投資戦略を組み立てるものです。たとえば、日本の株式市場では、過去においては日経平均株価とドル円の相関が高いことが知られています。

債券市場でいちばん基本的なものは、日本国債と米国債の相関です。次ページ**図表4―14**に過去10年間における日米10年金利の相関を示してあります。短期的なずれはありますが、中長期的には正の相関関係が成立しています。

米国のチャート・アナリストのジョン・マーフィーが書いた本で、『Intermarket Technical Analysis』(1991年)というものがあります。そのなかで、1987年に起きた世界株式暴落についての詳細な分析がなされています。これによれば、商品、為替(米ドル)、金利が連動して、株の急落を引き起こ

図表4-14 ● 短期的なズレはあるものの中長期的には正の相関関係がみられる
──過去10年間における日米10年金利の相関

出所：ブルームバーグ社のデータより作成

図表4-15 ● 豪ドルは世界の金融市場のリスク度のバロメーターとして使える
──日本国債30年金利と豪ドル円の相関

出所：ブルームバーグ社のデータより作成

したとの結論が導かれています。

マクロヘッジファンドなども、基本的にはこうした相関を活用してポジションを組み立てています。

通貨と債券の相関

インターマーケット戦略の要諦は、どの相関を使うかによります。

2つの市場が常に相関しているわけではありませんし、その相関がみなに知られてしまうと、市場が織り込んでしまうので、収益機会が限られてしまいます。

私が個人的に重視しているのは、豪ドル円と日本国債30年金利の相関です（**図表4―15**）。

なぜ、豪ドルなのでしょうか。それは、豪ドルは非鉄金属や原油といった商品相場と相関が高く、また、中国や世界の株式市場などさまざまなリスクファクターが凝縮されているからです。

一方、日本円は「リスク逃避通貨」としての位置づけが高いことから、リスクオフ（より安全な資産に資金が向かいやすい状況）、つまり何か金融市場で不安が生じたときには、円が真っ先に買われ、一方で売られるのが豪ドルになるのです。

したがって、豪ドルは世界の金融市場のリスク度のバロメーターとして活用できると考えられます。

商品と債券の相関

先ほどは通貨（豪ドル）を通じて債券との相関を見ましたが、直接的には商品と債券の相関を活用するという手段もあります。

ここでは、銅と米国の30年金利の相関を見ます。

銅は「ドクター・カッパー」と呼ばれるくらい、世界景気のバロメーターとして重視されている商品です。銅は電線や半導体に使われる素材です。電線は住宅などの建設需要と相関します。すなわち、銅が上昇しているときは世界景気循環が上昇トレンドにある、ということになりますし、下落しているときはその逆に景気が弱い、というシグナルになります。

米国の30年金利とは若干の乖離があります

図表4-16 ● 銅価格は世界景気のバロメーターとして使える
—— 米国国債30年金利と銅価格の相関

出所：ブルームバーグ社のデータより作成

が、最終的には「銅価格」に連動していると考えていいでしょう（**図表4―16**）。

相関とＡＩ（人工知能）の活用

このような、相関に基づいて運用や売買を行なう手法は、最近ではもはや一般的となっています。したがって、ある相関が一時期機能しても、それを用いてポジションをとる人が増えれば増えるほど、瞬時にマーケットに織り込んでしまいます。

そこで、無数にある組み合わせのなかから、機能する相関を見つけ出す作業が必要となります。従来は、それを人間が経験知から行なっていましたが、今後はＡＩ、つまり人工知能を駆使して最適解を求める時代になるでしょう。最近のＡＩは進化を続けていて、試行錯誤しながら学習する「ディープラーニング（深層学習）」という、より高度な機能を有しています。今後は、相関に基づく売買を含めて、さまざまな分野でＡＩが活用されてくることが予想され、注目すべきであると考えられます。

第 5 章

UNDERSTANDING BONDS & INTEREST RATES

債券の歴史と
日本国債の行方

LECTURE 5－1

ローマ帝国時代までさかのぼる債券の起源

ローマ帝国が戦費を調達する手段として債券が活用された

富を蓄積した富裕層が投資家として資産を運用し始めた

国債の起源はローマ帝国時代の軍事公債にさかのぼるといわれています。ローマ帝国が軍事的に拡張するための戦費を調達する手段として活用されたようです。

しかしながら、ローマ帝国の対外的膨張が一巡し、軍事的な勝利により得られた富が途絶え、社会の成熟化で福祉国家化したことが財政負担を重くし、ローマ帝国の衰退につながったと考えられます。

その後、中世になり地中海貿易が進展するなか、イタリアのベネチアやジェノバを中心とする都市群では、商人たちの富の蓄積が進みました。政府はこの富裕層を資金調達源として活用することを考えました。

当時、イタリアの都市間では戦争が頻発していました。そこで、各都市は「コンドッティエーリ」と呼ばれる傭兵を雇うことになりました。その軍費により発生した財政赤字を穴埋めするため、政府が市民から強制借入れを行なう目的で、貸付債券が発行されたのです。この貸付債券は「プレスティティ（もしくはプレスタンツェ）」と呼ばれました。

プレスティティの特色は換金性があること、すなわち市場で売買されることでした。市場で売買されるという形の債券は、このころに誕生したと考えられます。富を蓄積した富裕層が、投資家として資産を運用する、現在の債券市場の原型が形成されたのです。このように、当時のイタリアは金融技術先端国でした。

富裕層から発展した、投資家の代表格がメディチ家です。そのメディチ家は銀行を自ら設立して金融業を営んでいました。15世紀初頭、メディチ銀行のフィレンツェ支店は、債券のディーラーとして君臨していました。額面価格1・00に対して、0・20―0・35といった大幅に割り引かれた価格で、当時の国債は取引されていたそうです。

信用力を背景にしたジェノバの最低金利

16世紀になると、スペインが覇権を握る時代がきました。当時、スペインは「太陽の沈まぬ国」と呼ばれていました。そのスペインが蓄財した富を管理していたのが、イタリア・ジェノバ共和国の銀行でした。スペインの繁栄の恩恵で、ジェノバも金融的な覇権を確立できたのです。そして、このジェノバで歴史的な低金利が示現しました。

当時、イタリアではルオーギ債なるものが発行されていました。ルオーギ（luoghi）とは地方という意味であり、ルオーギ債とはジェノバが発行した永久債、つまり償還期限が設けられていない債券のことです。

ルオーギ債は、税金の徴収額に応じて配当＝利子が変動するしくみになっていましたが、利払いが税金にとって担保されているという意味では、当時、極めて信用力の高い債券として取引されていたようです。

ルオーギ債の発行は、サン・ジョルジュ銀行（当時、ジェノバ共和国に君臨していた大手銀行）が代理で行なっていました。ルオーギ債の現金での利払いは配当が確定してから実際には4年後と5年後になされていましたが、市場で換金ができるしくみになっていて、その割引率のデータから、4年から5年の金利推移が割り出せるのだそうです（注9）。

これを見ると16世紀後半から17世紀前半まで、長期にわたり金利が低下、すなわち債券のブルマーケットが続いていたことがわかります。

この金利低下の背景には、スペインが獲得した銀が流入して、カネ余りが進んだことがあります。スペインはアステカ王国やインカ帝国といった南アメリカ大陸の文明を制覇しました。そして、ポトシ銀山やサカテカス銀山といった鉱脈が次々と発見されます。加えて欧州の先進的な技術により、銀の生産量が大幅に増加。それが欧州に大量に流れ込んできたのです。

銀の大量流入は、「価格革命」と呼ばれる物価上昇をもたらしましたが、スペイン王室の資産管理をしていたジェノバの金利は、担保である銀流入がもたらしたカネ余りと、スペインの強力な覇権を背景に低下を続け、1619年には1・125％という史上最低金利を記録しました。

もっとも、その後はスペインの覇権が失われるのにつれて、ジェノバへの信用力も低下して、金利は大きく上昇することになります。

債券が低金利を維持するためには、信用力が非常に重要だということが、ジェノバの金利の歴史を見てもわかります。

国債の誕生はイギリスの名誉革命から

国債の値動きをみれば世界の歴史の背景がわかる

国王個人の私債から法律に基づいた国債へ

イタリアの都市群で発行されていた債券は、前述のとおり都市国家が発行する、地方債という色彩が強いものでした。また、そのころには元利返済のために税収を隔離して、徴税権を担保として発行されるという、証券化商品の色彩の濃いものでした。

イギリスでは、名誉革命後の1692年に、恒久的な税金を担保とした国債が誕生しました。それまでのイギリスは国王が私的に借り入れを行なう、私債（Crown Debt）という形で発行がなされていました。国王の私的な借金なのでデフォルトは日常茶飯事でした。そのため、国王が借り入れる金利は、イタリアでの商人間の融通金利よりも高いことが通常でした。

17世紀初頭、イギリスの財政は対スペインの戦費などで大幅に悪化していました。ジェームス1世は「王権神授説」を唱えて、王領地を売却するなどして王室の歳出を拡大していきました。スチュアート朝の治世が始まった１６０３年には、王領地からの収入は歳出全体の約半分にまで落ち込む状況でした。当然のことながら、国王は債務を返済できず、デフォルトが頻発しました。

当時、金融業の担い手として登場したのが金細工を行なっていた、ゴールドスミス（金匠）です。ゴールドスミスは市民から資金を調達して、国王へ融資を積極化しました。しかしながら、１６７２年に国庫の支払停止措置が実施された結果、多くのゴールドスミスは破たんすることとなりました（その際に、指図書を保有する金融業者に、利子の抵当として物品税をあてた、６％の国債が交付されました）。

その後、１６８８年の名誉革命により、ジェームス２世が追放され、翌１６８９年に国王は議会の同意なくしては課税できないという「権利章典」が制定されました。そして１６９２年、イギリス議会は国債に関する初めての法律を成立させ、しくみとして国債が確立されるに至ったのです。

イングランド銀行による国債管理の円滑化

１６９２年に国債発行が法制化されて以来、イギリスでは国債の発行が進展しました。最初に発行されたのが、「トンティン年金」といわれるものであり、１７００年まで10％、その後は７％の利子が終身で支払われる、年金の性格を持つものでした（注10）。その後、富くじを付けた「富くじ国債」といったものも発行されます。

一方、前述のとおり、ゴールドスミス・バンカーの破たんにより、イギリスは国債の大きな買い手を失いました。

一方、国費調達制度の恒久化を目的に、1694年、イングランド銀行設立が法制化されました。イングランド銀行は1272名の個人株主からなる株式会社として設立されました。当初、120万ポンドを8％で貸付、さらに貸付の見返りに管理費を受け取ることになりました。

イングランド銀行の設立に伴い、国債の発行も円滑化することになりました。

1706年には単独で国債の管理を引き受けることになりました。イングランド銀行は国債を担保に貸付を行なうとともに、要求に応じて現金化に応ずるなど、流動性を供与することに成功しました。

ネイサン・ロスチャイルド、伝説の大勝負

19世紀の初め、イギリスはナポレオンとの戦争の資金調達で大量の国債を発行しました。1817年には国債の残高は7・8億ポンドと当時のイギリスのGNPの2・7倍になっていたといわれています。

その国債市場において、空前の利益を上げたといわれる投資家が登場します。ネイサン・ロスチャイルドです。

ネイサンはロスチャイルド家を離れて、フランクフルトからイギリスに渡り、金銀の地金取引や国債の引受業務などを行なっていました。ロスチャイルドのネットワークを駆使して、各市場における、金価格の価格差を利用して利ざやを稼ぐ、「裁定取引」を行なっていたのです。

1815年、ナポレオンはエルバ島を脱出、帝国復興を狙っていました。この動きを見て、ネイサ

ン・ロスチャイルドは大量の金を購入しました。いまの言葉でいうと、「リスクオフトレード」。ネイサン・ロスチャイルドの手法は、まさしくヘッジファンドが現在行なっている、イベントドリブンのマクロトレードとまったく同じものでした。

その後、ナポレオンは命運をかけた、ワーテルローの戦いで敗北、ナポレオン戦争は終結を迎えることになります。戦争の終焉は、資金調達ニーズがなくなることから、これまで売り叩かれていたイギリス国債にとってはプラスの買い材料です。

情報はカネ。ネイサンは一転、今度は大量の国債買いを仕掛けます。ロスチャイルド家は、ドーバー海峡に快速船を運航させており、また早馬や伝書鳩を駆使するなど、迅速に情報を入手できるルートを確保していたのです。ネイサンは１８１５～１８１６年にかけてイギリスコンソル債は安値で買い付けました。そして、１８１７年に40％上昇した後に売り抜けてしまいます。

この利益を原資に、ロスチャイルドは業容を拡大していきます。イギリス以外にもフランス、プロイセン、ロシアなど各国の発行した債券を引き受けて、手数料を得ながら、欧州における拠点に転売していく。このような、投資銀行業務を本格展開していったのです。

19世紀パクス・ブリタニカ時代のブル相場

ナポレオン戦争までのイギリスは軍事費用の調達の目的から大量に国債を発行、その結果、国債価格は大幅に下落していました。18世紀は、金利が上昇するという、債券のベア（弱気）相場でした。

しかし、ナポレオン戦争の勝利以降のヴィクトリア王朝期は一転、国債市場は長期的なブル相場を迎えます。

当時の代表的な国債であるコンソル債の金利を見ると、1816年には5%でしたが、1852年には3%に、そして1897年には2・25%まで低下を続けました。

先ほども触れたように、コンソル債（Consols）とは一定の金利を払う償還期限が明示されていない、「永久債」のことです。さまざまな銘柄を統合したことで、発行ロットが拡大、条件が一般化され、換金性が向上した結果、債券の流動性は大幅に改善されました。

発行体から見ると、コンソル債は償還期限が明示されておらず、繰り上げ償還のオプションは政府が有していたことから、調達の安定性に資するというメリットがありました。

当時、コンソル債はロンドン証券取引所で週6日取引が行なわれており、現在の米国債や日本国債に準ずる市場流動性を有しているとみられています。

このように、長期にわたり、安定的な低金利が継続した理由は以下の点が指摘できると思います。

①パクス・ブリタニカの確立

19世紀初めのナポレオン戦争以降、大英帝国が世界に君臨し、大きな戦争がない平和な時代が続いていました。戦費調達の必要性が減少したことで、国債の発行量が減少トレンドにありました。

②減債政策の推進

減債基金や余剰金を活用して、国債の償還が進みました。1888年にはゴッシェン蔵相により、

3%コンソルが2・5%コンソルに借り換えられました。

③産業革命

18世紀後半に始まる産業革命により経済の生産性が向上、ディスインフレ傾向が続いていました。蒸気機関が発明され、鉄道網が発達、物流コストが引き下げられたとともに、農業革命により、小麦などの農作物の価格も低下基調を辿りました。

④イギリスが金本位制を採用したこと

コンソル債も金兌換であり、価格も金表示でなされていました。テールリスク（まれにしか起こらないはずの暴騰・暴落が起こるリスク）が少なかったことから、価格安定性が向上、安心して保有できる資産として、投資家の需要が高かったのです。

⑤イギリス政府が低利の借換債による償還を積極化していたこと

コンソル債はコーラブル（繰り上げ償還が可能）債であることから、満期が近いという期待が働き、その分短期債としての金利が低下しやすくなったというテクニカルな面もありました。

鉄道ブームとニューヨーク証券取引所

産業革命の蒸気機関の発達により、新たな輸送手段として登場したのが鉄道です。最初に鉄道が敷設されたのはイギリスです。その後、広大な国土を有する米国が新たな鉄道敷設の地として開拓されていきました。

米国における証券市場の発展は、鉄道ブームによってもたらされたといっても過言ではありません。ニューヨーク証券取引所で取引が開始されたのは、1760年代とされています。ブローカーがコーヒー・ハウスに集まり、国債、その後は銀行株などが取引されていました。

1792年、ブローカーは共同でウォール街とウォーター街のあいだにトンティン・コーヒー・ハウスを設立しました。

1817年、トンティン・コーヒー・ハウスはニューヨーク証券取引所に改組されます。1830年にはモホーク・ハドソン鉄道株が鉄道会社として初めて上場され、1840年には鉄道債が大量に発行されました。

当時のニューヨーク証券取引所があった場所は、道も舗装されておらず、馬車が通るとほこりが舞い上がり、たくさんの馬が取引場近くの馬小屋につながれている、のどかなところであったようです(注11)。

先ほども触れましたが、米国全土に鉄道が敷設され始めると、その資金調達のニーズから鉄道債や鉄道株式が大量に発行されることになりました。

1849年にはカリフォルニアのゴールドラッシュがブームになり、西部開拓を背景に鉄道証券の上昇に弾みがつきました。

1856年、鉄道債は300銘柄がニューヨーク証券取引所に上場されていました。鉄道株と合計すると、取引所全体の発行残高の50%以上が鉄道証券で占められていました。

イギリスや欧州投資家の資金も米国の鉄道証券に流れ込み、その拡大に寄与しました。鉄道債は民間の株式会社の社債であり、その投資にはクレジット・リスクがともなっていました。もっとも、州レベルで相応の支援がなされたこと、鉄道需要の高まりから収益力も備わっていたことから、信用力の高まりを反映して、国債とのスプレッドが順調に縮小していきました。

LECTURE 5-3

日本の債券の歴史

京浜間の鉄道の建設を目的としたポンド建て国債から始まった

日本国内では資金を調達できなかった

これまでは、世界の債券の歴史を見てきましたが、次に日本の債券の歴史を簡単に振り返ってみることにしましょう。

日本における最初の国債は、京浜間鉄道の建設を目的として明治3年（1870年）にロンドン金融市場で発行された、ポンド建てのものでした。

なぜ日本国内ではなく、ロンドンで発行されたのでしょうか？

それは、日本国内にお金がなかったからです。

明治維新の際に、大量の太政官札が発行され、多額の資金調達が行なわれました。太政官札はとくに資産の裏付けがなく、実質的には通貨と同じものです。通貨の大量発行はインフレにつながります。これを避けながら資金を調達するためには、海外の金融市場において、国債という形で発行するのがベストな選択だったのです。

ポンド建てで発行されたのは、鉄道がイギリスを発祥地としていたからです。当時、日本には鉄道敷設の実績もノウハウもありませんでした。そのタイミングで、イギリス側から鉄道起債の話が持ち込まれました。関連機材の調達と技師の派遣がパッケージされたディールでした。そもそも当時まだ「円」は存在していませんでした。「円」という通貨単位が正式に制定されたのは、翌明治4年（1871年）になってからです。それまでは、時代劇に登場する「一両、二両」という単位が使われていました。

この資金をもって、明治5年（1872）に日本最初の鉄道が新橋、横浜間で敷設されることになりました。

最初の国債は関税や鉄道純益を担保として発行されましたが、金利は9％と当時のイギリスコンソル債や米国の鉄道債と比較しても極めて高い金利のものでした。

明治時代の国債ブル相場

明治14年（1881年）、大蔵卿として積極財政策を推進してきた大隈重信が、政変により下野することになり、代わりに緊縮策をもってインフレ沈静化を目指す松方正義が大蔵卿に就任します。

松方正義は、1増税・財政支出削減による財政再建、2不換紙幣の回収・消却、3輸出振興による外貨獲得と銀貨の蓄積による銀貨と紙幣の価格差などの是正を推進するために、立て続けに対策を打ち出していきました。

その結果、経済に出回るマネーは大きく引き締まることになりました。政府紙幣の発行総額は明治14年（1881年）の1億1200万円から、明治19年（1885年）には8834万円まで急激に減少しました。その結果、デフレーションが進行し、日本経済は一時的な不況に突入しました。これが、いわゆる「松方デフレ」です。

明治15年（1882年）、日本銀行条例が発布されました。これまでの分権的な国立銀行制度を改めて、中央銀行を設立し、単一の兌換銀行券を発行するのがその狙いです。

明治18年（1885年）に初めての兌換紙幣が発行されました。大黒天が描かれた10円紙幣でした。当時、日本には金の蓄積がなかったことから、発行された紙幣は「銀」兌換になりました。その後、世界市場では金本位制が進み、金高銀安が進行したことから、銀にペッグした日本の「円」は通貨安となり、輸出振興を後押しすることになりました。

こうした松方正義の一連の政策をきっかけにして、それまで下落していた国債価格は上昇に転じました。

明治14年（1881年）には59・274だった国債価格指数は、明治26年（1893年）には105・104まで上昇しました（1934年から1936年＝100とした指数）（注12）。この十数年間が、日本国債における最初のブル相場です。

これだけ強いブル相場になった背景としては、
①引き締め政策が奏功してインフレ鎮静化に成功したこと。

②紙幣を銀兌換としたことで、政府債務の信用力が向上したこと。
③整理公債発行により債務の低利借り換えが進んだこと。
④その間大きな戦争がなく、国債の発行残高が抑制されていたこと。
⑤債券の買い手として地方資産家の購入意欲が強かったこと。

が考えられます。

日清・日露戦争時の国債市場

国債市場は、明治26年（1894年）をピークに低迷期を迎えます。日清・日露戦争により、戦費調達の目的から大量の国債が発行された結果、国債の供給増加から、需給バランスが崩れました。日露戦争では、高橋是清が資金調達に奔走した話が有名です。

さらに、戦争により経済のインフレ傾向が強まることになり、投資家のポートフォリオも国債から株式にシフトしました。

前出の国債価格指数も、日露戦争後の明治41年（1908年）には83・570まで低下しました。

当時の桂内閣は、国債下落に歯止めをかけるべく、国債整理基金制度を改正して、国債償還額の増加を図りました。利子に対する所得税免税などの一連の国債支持策を打ち出した結果、ようやく国債価格の下落に歯止めがかかりました。

この期に乗じて、明治43年（1910年）には銀行による初めての引受けシンジケート団が組まれました。横浜正金銀行、第一銀行、三井銀行など15行の銀行が中心になり、4％の利率で計2億円の債券が発行されたのです。この銀行団に加えて、いくつかの証券会社も下引受け業者として、元引受けの銀行と契約を結び、シンジケート団に参加しました。

そのなかには野村徳七が率いる、野村證券も名を連ねました。証券会社の地位はまだあまり高くありませんでした。主たる収益は株式の投機からきており、安定性に欠ける業態と見られていたようです。当時の様子は小説『証券王』に詳しく描かれています（注13）。

もっとも、この時期の国債価格のリバウンドはあまり長く続きませんでした。第一次世界大戦に向かって、相場は再び下落局面を迎えることになります。

金融恐慌とブル相場

日本経済は第一次世界大戦の結果、特需の恩恵を受けて好景気を迎えました。しかし、この「バブル景気」は長続きせず、その反動から長期不況期に入ります。

大正12年（1923年）、関東大震災が起こりました。その打撃で「震災恐慌」が引き起こされました。

その後、片岡蔵相が予算委員会で倒産していない銀行を「倒産した」と発言してしまったという事件もあり、台湾銀行や鈴木商店が破たん。モラトリアム（金融債務の支払い猶予）が宣言されるなど、「金融恐慌」が発生します。

この一連の経済不況で、それまで長期下落していた債券価格は大正9年（1920年）に80・223だったものが昭和3年（1928年）には90・196とボトムアウト（底入れ）しました。

信用収縮の結果、「質への逃避」が明確となり、預金は大手6行（三井、三菱、第一、安田、住友、横浜正金）や郵便貯金に集中することになりました。

郵便貯金は明治8年（1875年）に創設されましたが、その資金は預金部制度に基づき、大蔵省預金局に預け入れられて運用されていました。一部は融資にも回りましたが、その大部分は国債で運用されていました（**図表5—1**）。

金融緩和が進み、大銀行も貸出から国債投資へのシフトを進めた結果、国債のブル相場が続きました。

図表5-1 ● 預金部による国債保有が増加
—— 国債の部門別保有シェア

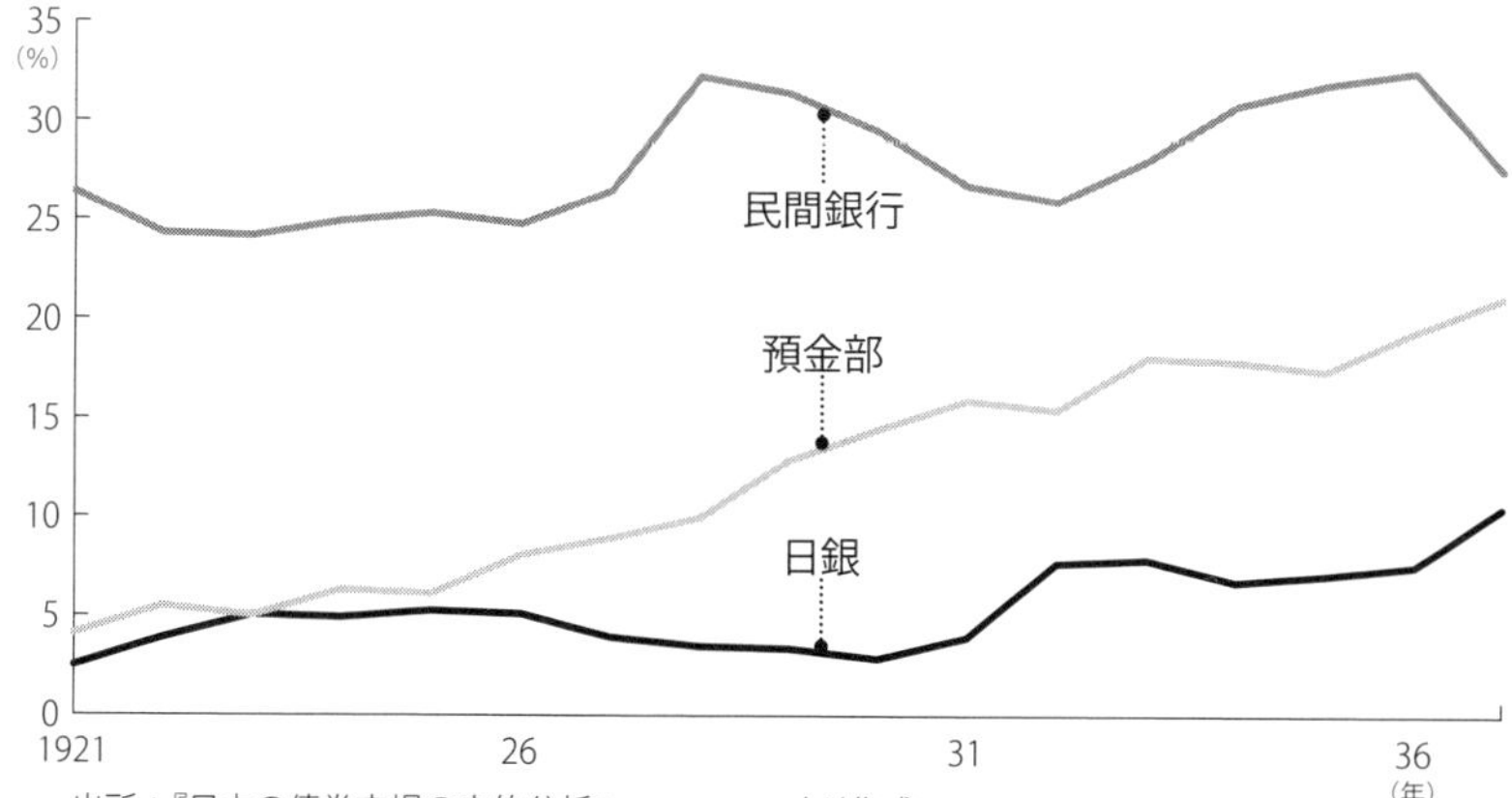

出所：『日本の債券市場の史的分析』（釜江廣志著）より作成

高橋是清のリフレーション政策

昭和6年（1931年）、犬養毅内閣が成立して、高橋是清が蔵相に迎えられました。

高橋是清は恐慌脱出の政策を次々と打ち出しました。金解禁を終了させ、日本銀行券との兌換を停止して管理通貨制度を採用しました。兌換停止によりマネーサプライが増加、緩和の浸透を目指すとともに、積極財政で景気浮揚を図ろうとしたのです。

積極財政に伴う国債増発については、民間銀行、郵便貯金を運用する大蔵省預金部、そして昭和7年（1932年）11月からは日銀の直接引受けによってファイナンスされました。このような国債管理政策の発動により、国債が大幅に発行されたにもかかわらず、国債価格は安定的に推移しました。

図表5-2 ● 軍事経済を背景に国債発行も大幅に増加
── 国債発行高の推移

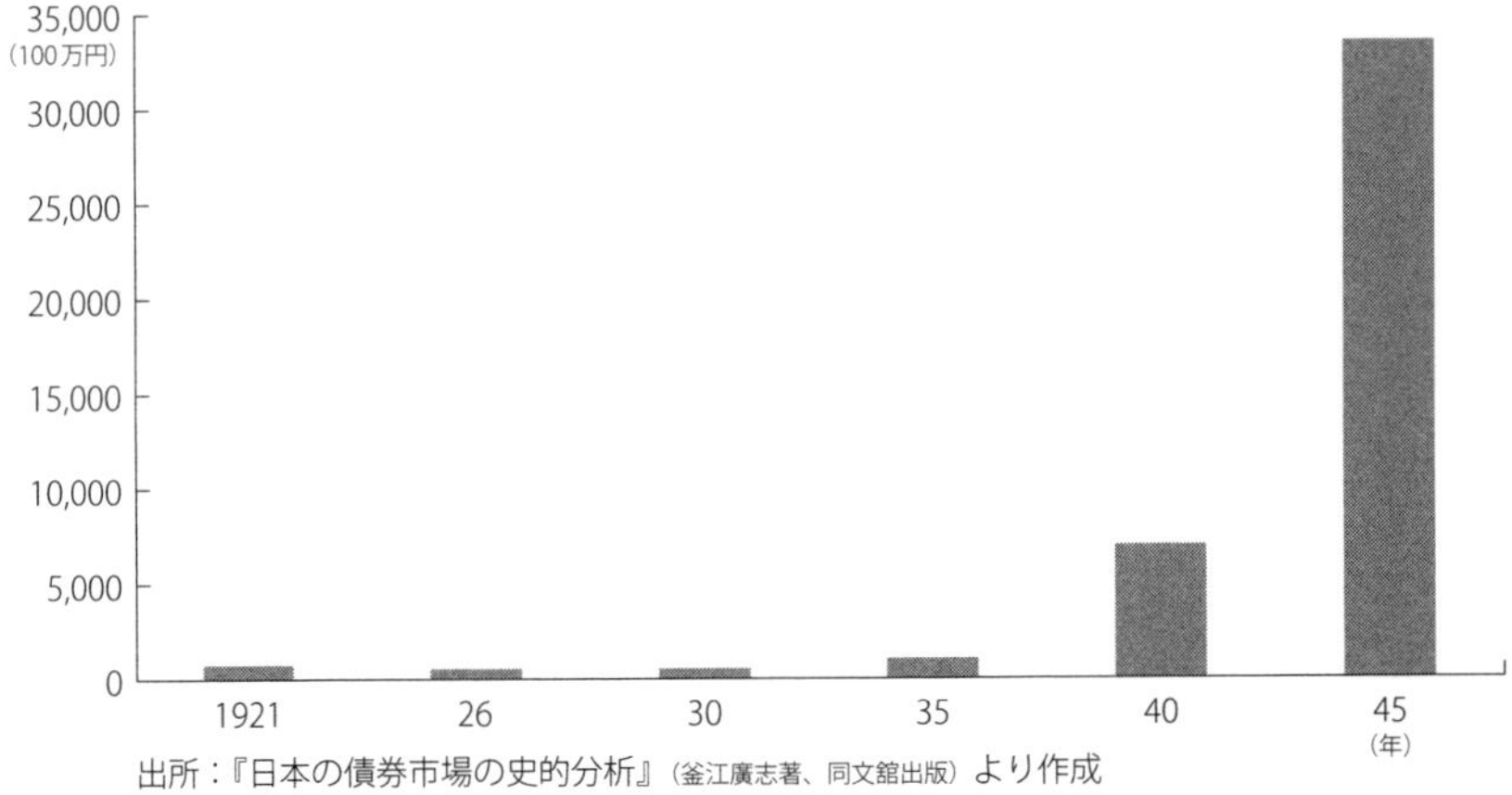

出所：『日本の債券市場の史的分析』（釜江廣志著、同文舘出版）より作成

高橋蔵相のリフレーション政策で景気は順調に回復していきました。そこで高橋是清は、軍事費を削減して緊縮財政に転じます。そのことが、一部軍部の恨みを買い、昭和11年（1936年）2月26日に起こった2・26事件により、青年将校たちに暗殺されてしまいます。

その後、日本は軍事経済へと突入していきます。日中戦争から太平洋戦争にかけて、軍事費の増加とともに財政支出も大幅に拡大しました。日本銀行の国債引受けにより、貨幣の信用創造が促進され、経済もデフレを脱して、インフレへと転じていくことになります（**図表5―2**）。

LECTURE 5－4

終戦からバブル経済崩壊前夜までの国債市場

戦後の緊縮財政を経て昭和40年度に国債発行を再開

財政法制定により原則として新規国債発行は停止

太平洋戦争が終わり、国債の乱発がインフレを引き起こしたとの反省から、昭和22年（1947年）に、財政均衡主義を掲げる「財政法」が制定されました。この法律は、GHQの経済安定9原則に基づき制定されました。いわゆる「ドッジ・ライン」と呼ばれる、超緊縮政策（実施策）のベースにもなっています。

財政法第4条の1項には、「国の歳出は、公債又は借入金以外の歳入を以て、その財源としなければならない」と規定されています。

このため、昭和39年（1964年）までは、戦時の国債借り換えや少額の交付国債、政府短期証券などを除いて、原則として新規の国債発行は行なわれませんでした。基本的に、当時の日本経済は高度成長期であり、税の自然増収が潤沢であったことが大きかったとされます。

また、財政投融資制度も有効に活用され、景気の下支え効果が発揮されたことも、新規の国債発行をせずに、経済がスムーズにマネージできた背景と思われます。

昭和40年度の国債発行再開

この財政均衡主義が転換されたのが、昭和40年（1965年）度予算です。

昭和39年（1964年）に開催された東京オリンピック後の反動から、日本経済は不況に陥り、山一證券経営危機といった金融不安にまで発展していきます。

そこで当時の福田赳夫大蔵大臣は、特例国債の発行による景気対策を決断しました。

当時、大蔵省により発行された「財政新時代」という冊子には、福田蔵相の序文で財政政策の目標を「ゆとりある家庭と蓄積ある企業を柱とした豊かな福祉社会の実現」とし、公債政策は社会資本の充実などの財政需要を充足する、といったことが説かれています。

前述のとおり、このころはまだ国債の投資家層もあまり厚くなく、戦後の流通市場も未整備であったことから、国債は民間金融機関や証券会社から形成されるシンジケート団および、郵便貯金などを原資とする大蔵省資金運用部（戦前の預金部に似た位置づけ）が吸収していました。

昭和50年代に入ると、石油危機による不況でさらに国債発行に拍車がかかり、本格的な国債大量発行時代へと突入していきます（次ページ**図表5―3**）。

当時、国際的には、「日独機関車論」が展開され、米国だけでなく、日本やドイツも世界の経済を牽引すべきである、との主張がなされていました。

その結果、公共投資を軸とする大型補正予算が編成され、国債発行額が急増、国債依存度も大幅に上昇しました。

国債の多様化と売却制限

昭和47年（1972年）、それまでシンジケート団の引受けによって発行されていた満期7年国債が10年に延長されました。

引き続いて昭和52年（1977年）には、シンジケート団引受けによる5年割引国債、ならびにシンジケート団引受けではない満期3年国債が新たに発行されるなど、国債の発行年限が少しずつ多様化されていくことになりました。

当時、シンジケート団引受けにより発行さ

図表5-3 ● 石油危機を背景に国債発行が大幅に増加
―― 戦後国債発行高の推移

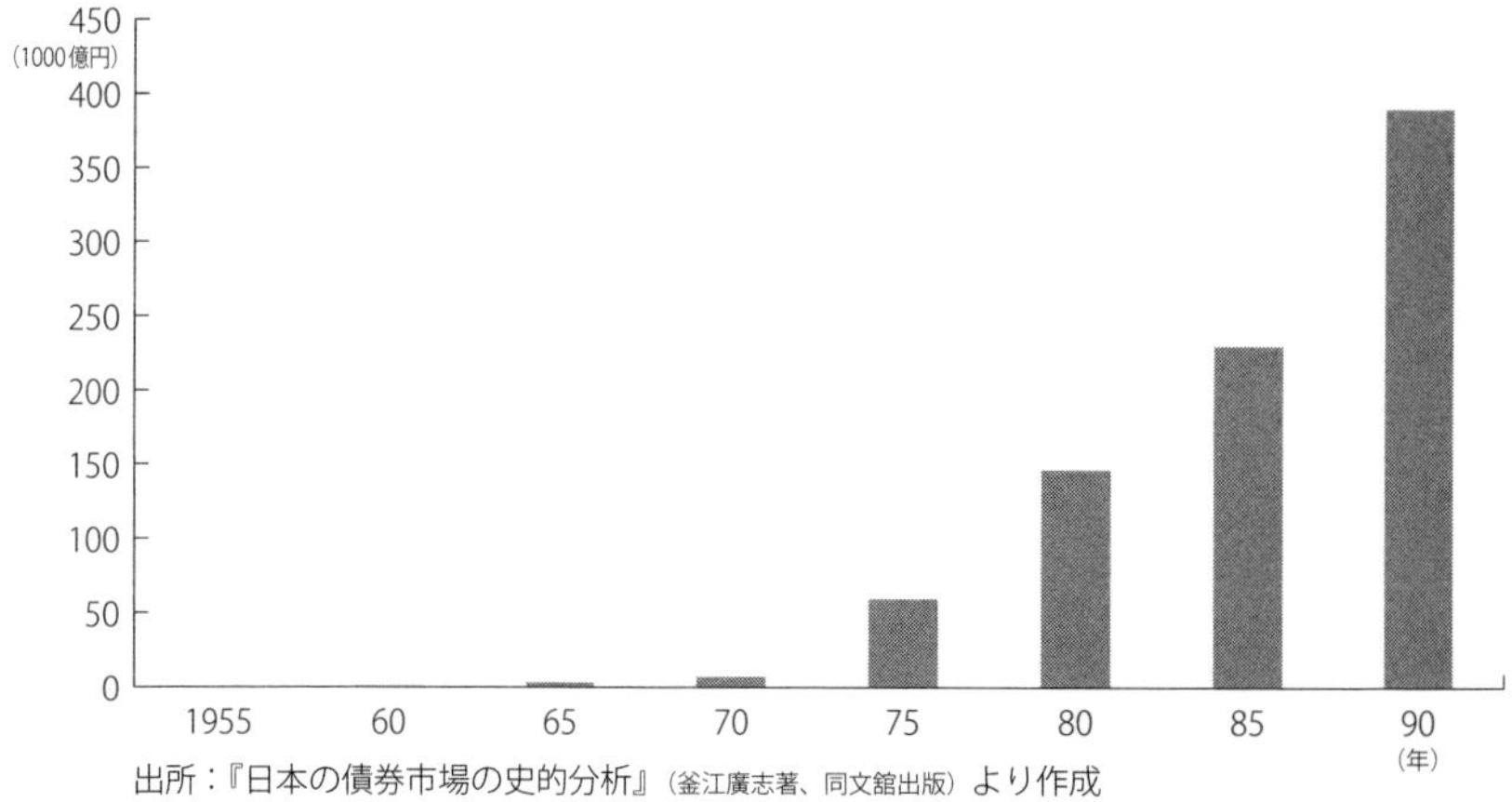

出所：『日本の債券市場の史的分析』（釜江廣志著、同文舘出版）より作成

れた国債には売却制限が付されていました。

原則として、発行額のうち10％の国債は募集との見合いで、需要に応じて流通させるものの、残りの90％は市場売却が自粛されていたのです。これは当時、国債の流通市場が未発達であり、売却を吸収できるような買い手が不足していたためです。

発行後1年が経過した国債の98％は、日銀の買いオペにより吸収されていたので、その間、金融機関は売却を急ぐ必要がありませんでした。

しかしながら、昭和50年代以降の国債の大量発行で、日銀オペでは吸収しきれなくなった国債が金融機関に蓄積されていったため、これを流通させる必要性が出てきたのです。

実際、全国銀行の国債保有比率（対資金量ベース）は、昭和40年代が1％程度であったのに対して、昭和53（1978年）年には、10％超まで拡大しました。

昭和52年（1977年）、それまでの売却制限が緩和されて、特例国債に関して発行1年経過後の売却が認められることになりました。

しかし、当時の日本経済は第二次石油危機の最中でした。インフレ期待の上昇を受けて、金融は引き締められました。これに伴い、金融緩和期に発行された6・1％利率の国債（ロクイチ国債）の価格は大幅に下落、昭和55年（1980年）には12・42％まで、利回りが上昇しました。

国債の価格下落は、それを保有している金融機関の経営圧迫要因となり、大きな問題となりました。そこで、会計方法を低価法から原価法を選択できるようにすることや、大蔵省の運用部による買いオペなどの施策が検討されました。

当時発行された、新発国債の応募者利回りは8・888％まで上昇し、「ミラクルエイト」と呼ばれました（注14）。財政再建の必要性が叫ばれ、一般消費税を掲げた大平内閣が総選挙で大敗を喫したのもこのころです。

中期国債ファンドの登場とバンクディーリングの開始

また当時は「規制金利」といって、預金や貸出の金利は一定のルールに基づいて、硬直的に決定されていました。

たとえば、代表的だった銀行貸し出し金利の「長期プライムレート」は、10年国債の発行条件をベースにして決定される5年物利付金融債の利率に0・9％を上乗せしたもの、というルールが設けられていたのです。したがって国債の発行価格は、貸出金利を抑制するため、いわば人工的に、市場流通価格を無視した形で、割高に決定されていました。発行価格が割高になれば、それだけ利回りが低めになるからです。しかし、その結果債券の需要は細り、保有国債の価格の下落に拍車がかかりました。そして、ついに国債発行条件が合意できなくなり、休債、つまり国債が発行できないという状況に至りました。

この状況を打開するために、さまざまな取り組みがなされました。

まず、投資家層を拡大するため、個人が国債を買いやすいように、中期国債など年限の多様化が推進され、銀行窓口での国債販売が解禁されました。

そのころ、「中国ファンドは便利な貯蓄……」という人気若手女優を使ったCMが流行りましたが、これも国債消化の一環です。当時、証券会社が扱っていた投資信託は、元本割れリスクの高いものが中心でしたが、中期国債ファンドは預貯金並みの元本安全性を持つ投資信託でした。当然、預貯金を扱っている金融機関は、証券会社が預貯金並みの安全性を持つ貯蓄性商品を扱うことに対して反対の意向を示しましたが、最終的には国債消化を促進するため、銀行も妥協せざるを得ませんでした。

折しも、世界的なディスインフレから金利はピークアウトし、国債が「飛ぶように売れる」時代へと突入しました。

昭和60年（1985年）には、銀行の国債フル・ディーリングが解禁、また国債先物市場が創設されて、銀行主導による本格的なディーリング相場の時代が幕を開けました。国債の取引高は大幅に増加し、金利もクーポンベースで、昭和60年（1985年）の6・8%から、昭和62年（1987年）には3・9%まで低下しました。

ディーリング相場の終焉と本格的な強気相場の到来へ

ディーリング相場の初期のころは、ある特定の銘柄が買われる傾向にありました。実際、昭和62年（1987年）は、89回債という銘柄が急騰して、当時の公定歩合と同水準の利回り2・5%まで買い上げられたのです。

ところがその後、国債価格は急落して、「ディーリング相場」は終焉を迎えます。当時、化学メーカーの「タテホ工業」が、国債先物取引で大きな損失を被ったこともあり、「タテホ・ショック」と呼ばれています。
その後、バブル崩壊で、日本経済は長期的な平成不況期、そして金融危機を迎えることになります。これに対応して、債券市場は本格的なブル相場へと突入しました（**図表5―4**）。

図表5-4 ● バブル崩壊以降はブル相場に突入（金利は低下）
――10年国債利回りの推移

出所：ブルームバーグ社

LECTURE 5－5

平成不況と国債の強気相場

長期不況を背景として国債価格は上昇

金融緩和とカネ余りで国債価格が上昇

元号が平成に変わるのと同時に、日本経済は本格的なデフレ不況へと進んでいきました。金融機関の不良債権問題や円高を背景に、不況は深刻度合いを増し、日銀による金融緩和が進められました。一方、金融機関が貸出を抑制した結果、大幅なカネ余りが生ずることとなりました。その余った資金の多くは、国債市場へと流れました。

10年国債金利は、平成2年（1990年）当時は8％を超えていましたが、平成7年（1995年）には3％を割り、第一次金融危機の平成10年（1998年）には、1％を割れる水準まで低下し続けたのです（次ページ**図表5－5**）。

金融危機、運用部・Varショック

平成10年（1998年）の夏、日本長期信用銀行が国有化、同年12月には日本債券信用銀行が国有化されました。ここで、第一次の平成金融危機は一旦の終焉を見ました。

そのタイミングで起こったのが、いわゆる「運用部ショック」です。

これは、当時の大蔵省資金運用部が「国債買入れを停止する」と発表したことで、国債相場が急落したものです。債券先物がストップ安をつけるなど、市場は大混乱に陥り、長期金利は一時2・0％を上回る水準まで上昇しました。

とはいえ、金融危機の収束がまだ道半ばであったことから、徐々に債券市場は落ち着きを取り戻し、それ以上、金利水準が大きく跳

図表5-5 ● 日本経済の1990年代の主なイベント

1990年	バブル崩壊の開始
1992年	日経平均14000円台に
1993年	冷夏・円高で不況が本格化
1995年	ドル円79円75銭まで下落。木津信金破たん
1996年	O157で夏場に景気腰折れ
1997年	アジア通貨危機発生。拓銀・山一證券破たん
1998年	長銀・日債銀の国有化。運用部ショック

ね上がることはありませんでした。

そして平成12年（2000年）、ITバブルの崩壊を契機に、再び債券の利回りは大きく低下します。日本銀行がゼロ金利政策、および量的緩和に踏み切ったことで、平成15年（2003年）には、長期金利が0・4％台まで低下しました。

しかし、りそな銀行への公的資金注入をきっかけに日本の株式市場が底を打ち、超長期債増発懸念や米国FRBの利下げ幅への失望などが重なり、長期金利が急反転しました。平成16年（2004年）にかけて、長期金利は2％まで上昇したのです。このとき、債券の変動率があまりにも大きかったことから、銀行のリスク管理を目的とした保有国債の売却が一気に加速しました。しかも、複数の銀行が似たリスク管理手法を導入していたため、連鎖的に他の銀行も保有国債を売却するようになり、文字どおり「売りが売りを呼ぶ」展開になったのです。これを「VaRショック」といいます。ちなみにVaRとは、「Value at Risk」の略です。

日銀のゼロ金利政策＝第1次量的緩和

やや年代が前後しますが、ここからは債券相場の動きを日銀の金融政策との関連で見てみましょう。

1990年代後半、深刻化する金融危機と円高を受けて、日本経済は本格的なデフレ経済へと入っていきました。それを払拭すべく採用されたのが、平成11年（1999年）2月からスタートした日銀の「ゼロ金利政策」です。このとき、無担保コール翌日物金利が0・15％まで引き下げられるのと同時に、豊富で弾力的な資金供給により、限りなくゼロに近づくことを容認しました。

ところが、平成12年（2000年）8月、突如として日銀は、デフレ懸念の払拭が展望できるようになったとして、ゼロ金利を解除してしまいます。

しかし残念ながら、景気はその後、急速に悪化しました。そこで平成13年（2001年）3月、日銀は量的緩和政策を導入しました。リーマン・ショック後の量的緩和と区別するために、ここではこれを「第1次量的緩和」と呼びます。

第1次量的緩和では、金融市場の操作目標が従来の無担保コール翌日物金利から、日銀当座預金残高へと変更されました。その目標を達成するために、長期国債の買入れが増額されました。当初は5兆円でスタートしましたが、その後順次拡大されて、平成16年（2004年）には35兆円へと拡大されました。

この量的緩和政策は、平成18年（2006）に、量的緩和政策が解除されるまで続けられました。

リーマン・ショック後の白川日銀金融緩和時代

平成20年（2008年）、米国のサブプライム問題に端を発する金融システムの混乱は、ついに米国の大手証券会社・リーマンブラザースの破たんという形へと飛び火しました。

世界的な金融機能不全を打開すべく、米国FRBを始めとして、世界的に大胆な金融政策が打たれました。日本でもこれを受けて、平成20年（2008年）10月の政策金利引き下げから、白川日銀総裁のもとで本格的な金融緩和時代へと突入していきます（第２次量的緩和）。

10年長期金利の推移を見ると、平成20年（２００８年）６月には、上昇する原油価格の影響もあってか、２％近くまで上昇する場面もありましたが、それがピークで、長期的な低下局面に入っていきます。

白川日銀の、金融緩和に関しては、第１期（２００８〜２０１２）と第２期（２０１２〜２０１３）に分けることができます。

白川日銀時代の第１期では、資産買入れも増加しましたが、どちらかというと利下げと時間軸効果といったように、短めの金利に働きかける政策が主でした。一方、白川日銀の第２期では、日銀券ルールを回避するような形の「資産買入等の基金」を駆使した政策に重点が移ってきました（**図表５—６**）。

図表5-6 白川日銀の金融緩和の概要

白川日銀緩和　第１期（2008年12月〜 2012年2月）

政策金利引き下げ	2008/10：0.50→0.30% 2008/12：0.30→0.10% 2010/10：0.10%→0 〜 0.10%
輪番増額	1.2→1.4兆円/月　2008/12
資産買入等の基金創設	2010/10

白川日銀緩和　第２期（2012年2月〜 2013年4月）

物価目標の設定	中長期的な物価安定の目途＝ゴール
基金買入れの増額	2010/10：5兆円 2012/ 2：30兆円 2012/10：66兆円

10年金利の1%割れと小沢ショック

平成22年（2010年）、米国の量的緩和（LSAP＝Large Scale Asset Purchase：俗に言うQE＝Quantitative Easing）および欧州危機などを背景に、大きく円高が進みました。世界的なリスクオフから、ドル円も8月には80円台半ばと、平成7年（1995年）につけた、歴史的最安値を更新しそうな勢いでした。

それを受けて、日本の長期金利も1%を割れる水準まで低下してきました。これは、前述のVaRショックの平成15年（2003年）以来の水準でした。

当時の民主党政権もついに、円高阻止に動き始めて、為替介入が実施されましたが、大きな効果を得ることはできませんでした。

このような状況で起こったのが、「小沢ショック」でした。

財政出動を掲げる民主党の小沢一郎（当時）が民主党代表選に出馬するということで、それまで勢いよく買われていた国債市場が利食い売りで反転、一気に金利は上昇しました。

しかし結局のところ、民主党代表選では消費増税を掲げる菅直人が再任されたことにより、国債市場は落ち着きを取り戻しました。

バレンタイン緩和

平成24年（2012年）2月14日、長引く不況と円高に対応すべく、日銀が新たな金融政策をスタートさせました。これがいわゆる「バレンタイン緩和」と呼ばれるものです。

まず、1%という「中長期的な物価目標の目途」が定められました。

次に、日銀の「資産買入れなどの基金」（いわゆる「基金」）による、資産買入額が10兆円増額されて、30兆円となりました。

この基金について、少し補足しておきます。

平成13年（2001年）、日銀は「日銀券ルール」を明文化しました。これは、「日銀が保有する長期国債の残高は銀行券の発行残高を上限とする」、というものです。日銀の国債直接引受けは財政法5条で禁止されているため、長期国債の買入れが財政ファイナンス目的であるとの誤解を回避するために明文化されました。したがって長期国債の買入れは、論理的には「成長通貨の供給」と位置づけられました。

当時、日銀は年間で21・6兆円の長期国債を買い入れていました。しかし、これ以上、買入額を増やすと日銀券ルールに抵触する恐れが出てきたため、期間限定を前提に別枠を設けたのが「基金」です。

平成22年（2010年）の包括的緩和導入時における資産買入額は5兆円で、うち長期国債は1・5

兆円でしたが、平成24年（2012年）2月のバレンタイン緩和時には20兆円で、このうち長期国債は9兆円になっていました。この、「基金」買入額は少しずつ、増額されることになります。

当初、このバレンタイン緩和で市場は大いに盛り上がりました。ドル円レートは、バレンタイン緩和時77円台だったのが、3月中旬には84円台まで上昇しました。デフレ脱却を期待して、10年金利は1％台、30年は2％近くまで、ジリジリと上昇していました。

しかし、4月ごろになると、日銀のマネタリーベースが前年比でマイナスに転ずるなど、緩和効果に疑念が生じてきました。5月に入ると、年中行事のように株価が下落し始め、日経平均が9000円割れ、ドル円レートも再び70円台へと逆戻りを始めてしまいました。

それに対応するかのように、資金が債券市場に流入し始め、10年金利は4月の1％をピ

図表5-7 ● バレンタイン緩和の効果も長続きしなかった
——2012年の日本国債10年金利の推移

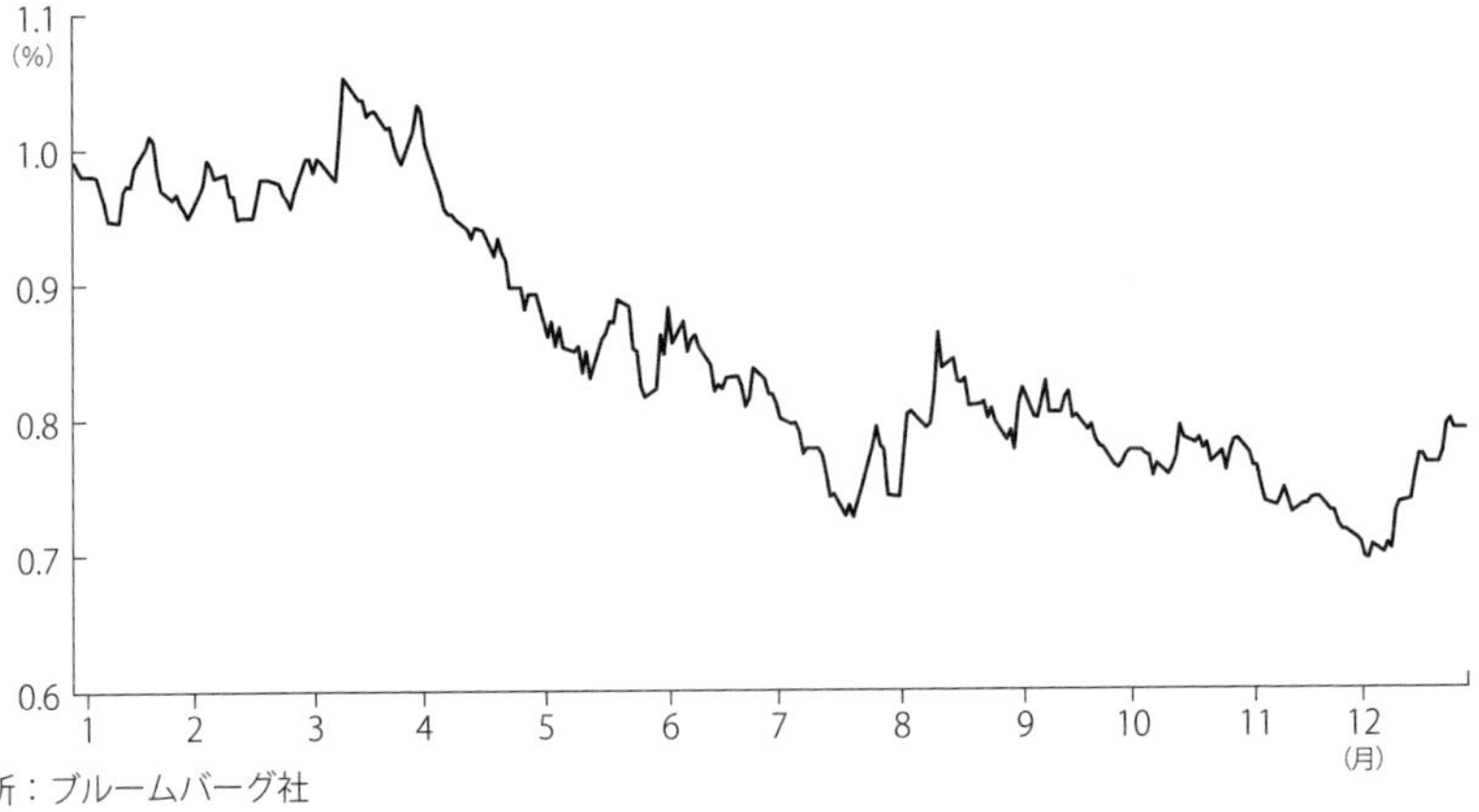

出所：ブルームバーグ社

ークにずるずると下がっていきました（**図表5―7**）。

異次元緩和への道

平成24年（2012年）12月、衆議院選挙で自民党が大勝、第2次安倍政権がスタートしました。そして本書のプロローグに見たとおり、平成25年（2013年）3月に総裁に就任した黒田東彦が率いる日銀による「異次元緩和」すなわち、「量的・質的金融緩和＝Quantitative Qualitative Easing」が同年4月に導入されました。

この金融緩和は、2年間で2％というインフレ目標を達成することを目指していましたが、残念ながら実現はできませんでした。そして、平成28年（2016年）1月には、ついに「マイナス金利政策」が導入されたのです。2016年7月現在、長期金利は10年だけでなく、15年についてもマイナス金利になっています。

果たして、マイナス金利は日本経済にどのような影響を及ぼしていくのか。引き続き、注目していく必要がありそうです。

LECTURE 5－6

日本国債の信用力はどうなるのか

先進国としては低い日本国債の格付け

G7のなかではイタリアに次ぐ低さ

財政赤字が続いていること、そして財政赤字の対GDP比の大きさなどから、国際的な格付け会社による日本国債の格付けは、現在、すべて「A格」となっています。「A格」と聞くと悪くなさそうですが、上には「AAA」、「AA」があるので、先進国としては高いほうではなく、むしろ低いほうです。2016年5月現在、G7各国のなかでは、イタリアに次ぐ低さです（**図表5－8**）。

2～3年後の格付けの見通しを示すアウトルックは、「安定的」とされていて、悪化も改善も見込まれていません。しかし、消費増税延期や法人税収の減少、歳出コントロールが想定以上にむずかしい状況に陥ったら、格付け引き下げの圧力が強まるでしょう。

仮にそうなったら、日本国債の債券価格は低下すると思われます。

過去にも、日本国債の格付けがAAA格からAA＋に初めて引き下げられた1998年には、一時的に債券価格が下落（利回りは上昇）しました。

ただしその際は、政府の金融機関に対する公的資金注入の決定や、日銀の金利引き下げの効果で、債券価格は回復しました。

当時の国債発行残高は300兆円程度で、現在の半分以下でした。しかし、いまは国債発行残高が大幅に増えており、日本の財政問題については悲観的なムードがあります。

それでも、現在は日銀による買入れなどもあり、国債に対する投資需要が強いので、国債価格はむしろ安定的に上昇（利回りは低下）していますが、次回、さらにもう一段、国債の格付けが引き下げられ、国の信用力に対する不安が広がったら、財政不安の深刻さを考えると国債価格が急落し、なかなか価格が戻らないこともありえます。

図表5-8 日本はイタリアに次ぐ低さ
―― G7諸国のソブリン格付け（2016年12月16日時点）

	ムーディーズ	S&P	フィッチ
日本	A1	A+	A
アメリカ	Aaa	AA+	AAA
イギリス	Aa1	AA	AA
イタリア	Baa2	BBB-	BBB+
カナダ	Aaa	AAA	AAA
ドイツ	Aaa	AAA	AAA
フランス	Aa2	AA	AA

出所：各格付機関による長期国債格付け

国債市場の流動性の見通し

日銀は量的緩和の目安として、長期国債の保有残高が年間約80兆円に相当するペースで増加するよう買入れを行なっていく、としています。国債全体の残高の増加幅は、80兆円より少ないので、国債全体に対する日銀の保有比率は、一段と高まっていくと思われます。

なお、日銀の国債保有残高は、2013年4月の黒田総裁の「異次元緩和」以降急増しており、2015年末時点で330兆円と、国債等の発行残高全体の32%を占めています（**図表5—9**）。

日銀の国債保有は基本的に満期まで持ちきりです。したがって、この比率が高まるにつれ、徐々に市場での国債の売買高が低下する可能性があります。

図表5-9 ● 日銀の国債保有残高は急増中
—— 国債の保有者別保有額推移

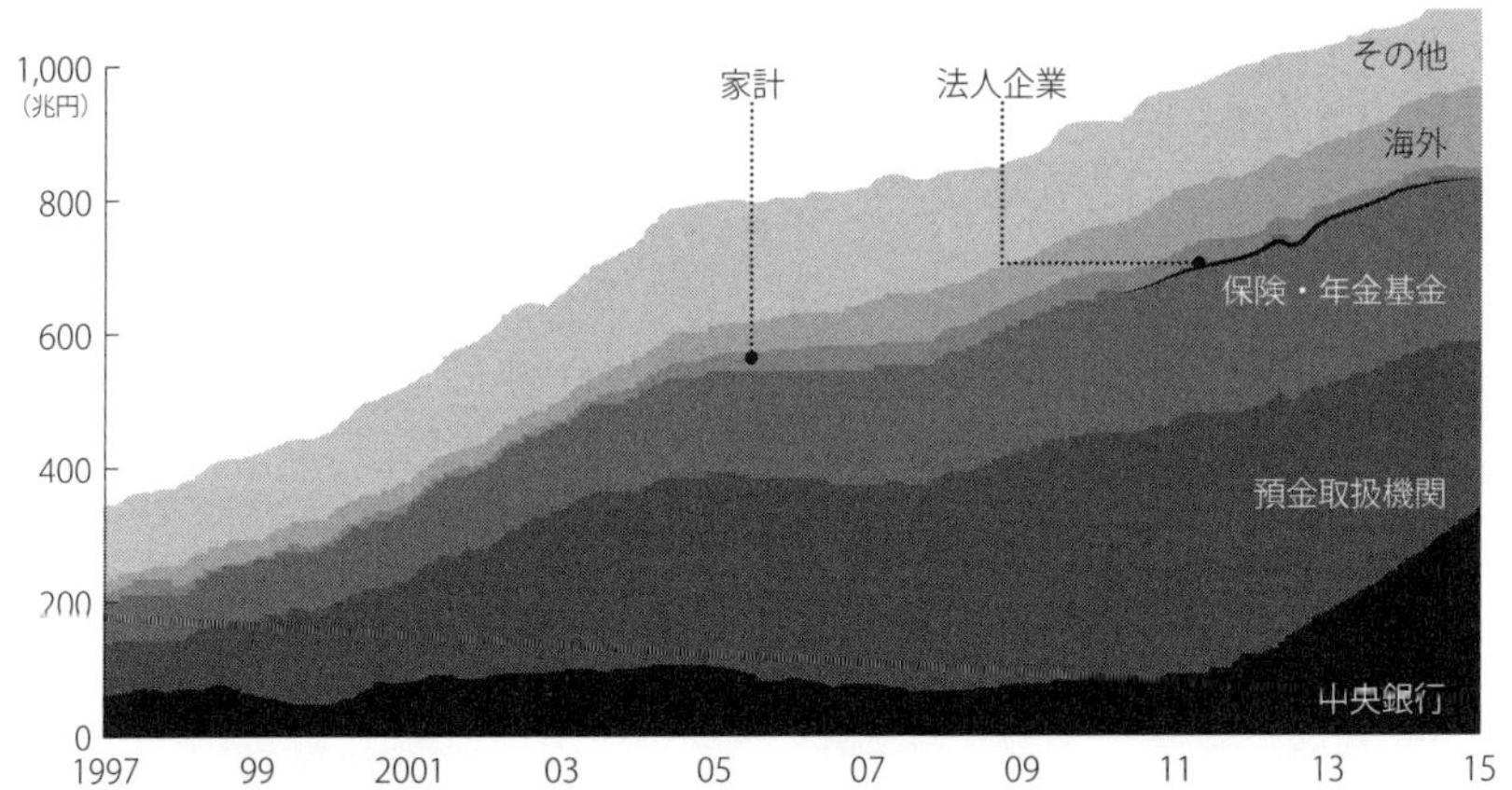

出所：日本銀行

将来的に、日銀が金融緩和政策を転換して、国債の残高拡大目標を取り下げたとしても、国債保有残高を「維持」するのであれば、日銀は一定程度、国債を市場から買い続けなければなりません。株式と違って国債は徐々に償還を迎え、自然と減少していくためです。

しかし、日銀が国債保有残高をさらに減少させるような目標に変更した場合は、国債を市場から購入する必要がなくなるかもしれません。

日銀の国債保有シェアは国債全体の3割にも達しています。これだけの大口投資家が投資を減らせば、国債価格が下落するリスクを排除できません。日銀が、保有国債の満期とともに新しい国債を買い入れなければ、国債保有残高は自然に減少してきますが、政府が国債発行残高を減らさない限り、満期を迎えた国債はまた再発行されるため、日銀に代わる新たな買い手が現れない限り、債券市場の需給バランスは崩れてしまいます。

このように、金融緩和の拡大とともに、日銀の金融緩和の〝出口戦略〟はむずかしくなってきています。もちろん、日銀が金融緩和を取りやめた時点で、国債の発行額が減少し始めていれば話は別です。日銀が保有を減らすペースで国債発行残高も縮小するならば、日銀に代わる国債の買い手がいなくなってしまうような事態にはならないでしょう。

日本の国債市場は、対GDP比で世界的にも例がないほどの規模に膨らんでおり、しかも中央銀行が最大級の投資家になっているという、極めて特殊な構造になっています。将来にわたって国債市場が正常に機能するためには、金融政策がどこかの時点で修正されること、財政赤字が継続的に縮小し、国債残高の増加ペースに一定の歯止めが効くことが必要になると考えられます。

そのためには、歳出の見直しや、増税の検討などを主体とする財政再建は避けては通れません。短期的には痛みを伴うものでも、世界一の巨大市場を壊さないためには、財政再建が必要不可欠なのです。

・P164　注9：Homer and Sylla『A History of Interest Rates』1996年
・P167　注10：富田俊基『国債の歴史』（東洋経済新報社）2006年
・P172　注11：ロバート・ソーベル『ウォール街200年』（東洋経済新報社）1970年
・P176　注12：藤野正三郎・寺西重朗『日本金融の数量分析』（東洋経済新報社）2000年
・P178　注13：梅林貴久生『証券王』（学習研究社）2002年
・P186　注14：米澤潤一『国債膨張の戦後史』（きんざい）2013年

第6章

UNDERSTANDING BONDS & INTEREST RATES

世界各国の債券市場

LECTURE 6－1

米国の債券市場
名実ともに世界最大の規模を誇る

米国債マーケットの特色

米国の債券市場は、名実ともに世界最大です。国債市場の規模だけを比べると日本のほうが大きいのですが、債券市場全体の規模、および流動性などを総合的に見た場合は、やはり米国の債券市場が世界最大になります。

米国市場の特色は、

①米国債のみならず、事業債やMBS（モーゲージ債）など幅広い種類の債券が流通しており、相対的にその流動性は極めて高い。

②投資家層は、銀行、年金、保険会社など機関投資家以外に、家計も投信を通じて参加している。また、海外のインデックスプレイヤー（年金など）や中央銀行など、投資家層は極めて厚い。

③米国10年金利は世界の債券市場のベンチマークとして機能しており、その指標性が極めて高い。
④他のマーケットと比較すると、経済指標の数が多く、また明確に反応するケースが多い。

などの点が指摘できると思います。

幅広い種類の債券が取引されているなかで、世界で最も頻繁に取引されているのが、米国債です。**図表6―1**に示したとおり、種類が豊富であり、流動性が比較的高いという特色を持っています。

ここで示した以外にも、米国貯蓄証券（US Saving Bonds）と呼ばれる、市場で取引されていない国債が発行されています。これはどういうものかというと、満期までの保有が前提になっている国債です。したがって、原則的に流通市場は存在しませんが、一定期間を経過

図表6-1 ● 米国債の種類と通常の発行タイミング

種類		日程
短期国債（T Bill）	4週間	毎週
	13週間	毎週
	26週間	毎週
	52週間	第4週
中・長期国債（Note）	2年	第4週
	3年	第2週
	5年	第4週
	7年	第4週
	10年	第2週
超長期国債（Bond）	30年	第2週
インフレ連動国債（TIPS）	10年	第3週

出所：米国財務省

すれば換金できます。

米国債の特色は、市場の流動性が極めて高いことです。

最近は、規制が強化されたこともあり、流動性が落ちたとの声も聞かれますが、それでも、他の市場と比較すれば、相応に流動性の高さを維持しているといってもいいでしょう。実際、ブルームバーグ社の取引画面を見ると、アクティブに米国債が取引されていることがわかります。

ブルームバーグ社のスクリーンには、先ほどの2、3、5、7、10、30年の代表的なオン・ザ・ラン（直近に発行された、いちばん新しい）銘柄が表示されています（**図表6－2**）。

米国債と日本国債の表示の違いは、日本国債が利回り（通常単利）で表示されるのに対して、米国債は価格表示になることです。それも、価格表示が1／32単位であるので、日本国債を取引していた方は、慣れるまで戸惑う

図表6-2 ● 米国債スクリーンの表示例

年限	債券概要	利回り（%）	ビッド	オファー
2yr	T 07/8 05/31/18	0.783	100.05+	100-05 3/4
3yr	T 07/8 05/15/19	0.915	99-28	99-28 1/4
5yr	T 1 3/8 05/31/20	1.231	100.22	100-22 1/4
7yr	T 1 5/8 05/31/23	1.500	100-26	100-26+
10yr	T 1 5/8 05/31/22	1.704	100.8+	100-09
30yr	T 2 1/2 05/15/46	2.512	99-23	99-24

出所：ブルームバーグ社

かもしれません。

債券概要の「T」は「Treasury」のことで、国債を意味しています。10年の場合、1と5／8＝1・625％がクーポン、05／31／22が償還期限になります。利回りは通常、複利（日本は単利）であり、価格表示は1／32単位です。したがって、ビッドは100・265625（8＋＝8・5）、オファーは100・28125になります。

また、米国債の入札の際に、不可欠なのが、WI（＝When Issued）、すなわち「発行日前取引」です。通常、入札の概要が発表されてから、実際の入札日はまで1週間ほどの期間があります。その間は発行日を決済日とした、発行日前取引が行なわれることになります。

発行前に、新発債の取引が進むことで、売りポジションをつくることも容易となり、入札が円滑に実施されます。

米国事業債マーケットの特色

次に米国の企業が発行する、事業債マーケットについて述べます。米国事業債マーケットについては、日本と比較した場合、以下の特色が指摘できます。

①マーケットの規模が大きい

日本は、銀行からの借入を中心とする間接金融が発達しているのに対して、米国は、企業が市場か

図表6-3 ● 米国企業の銀行借入比率は少ない傾向

―― 日米企業の事業債・銀行借入比較

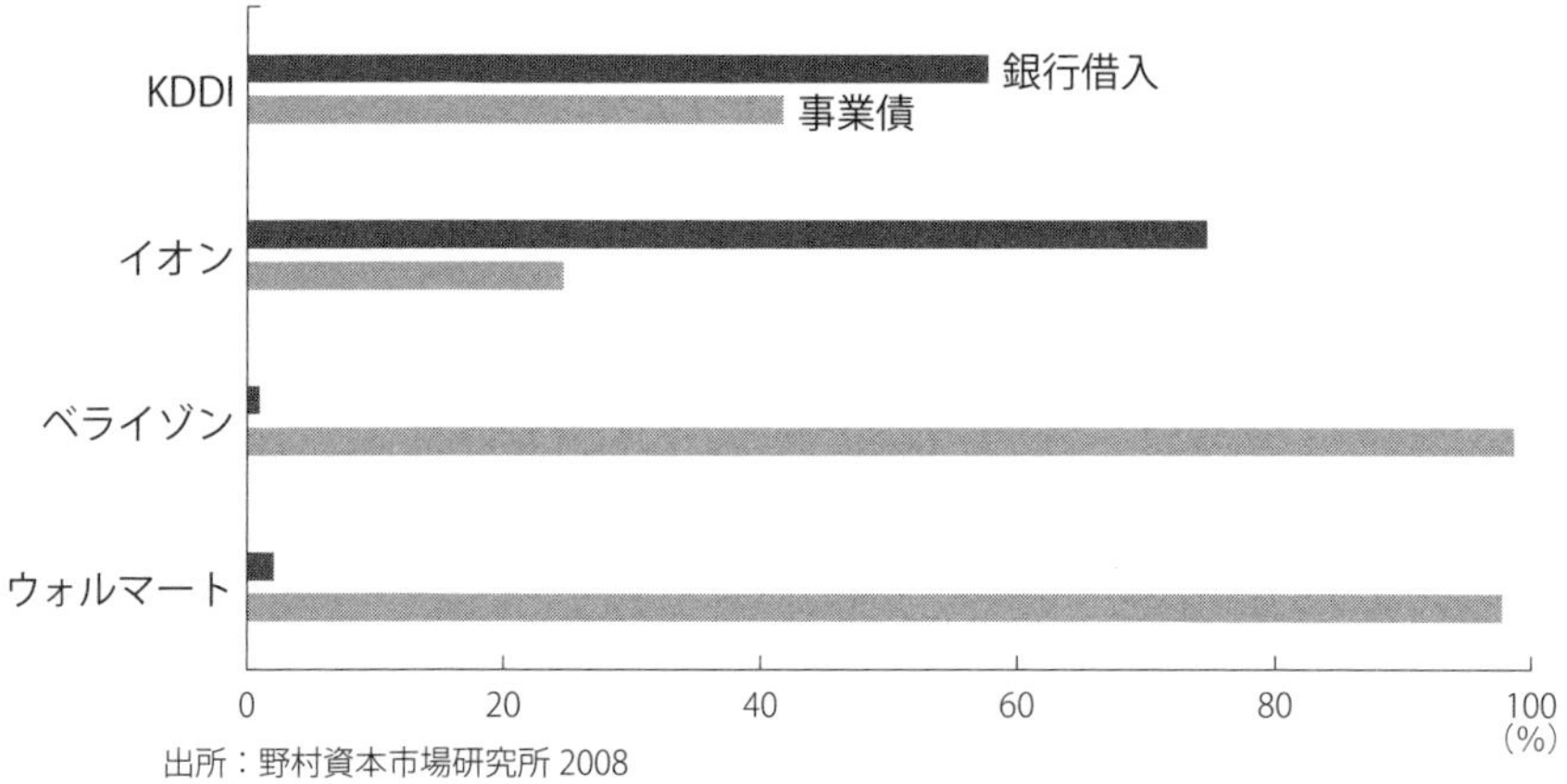

出所：野村資本市場研究所 2008

図表6-4 ● 米国企業の銀行借入額はGDPに比べて少ない

―― 米独の各市場対GDP比較

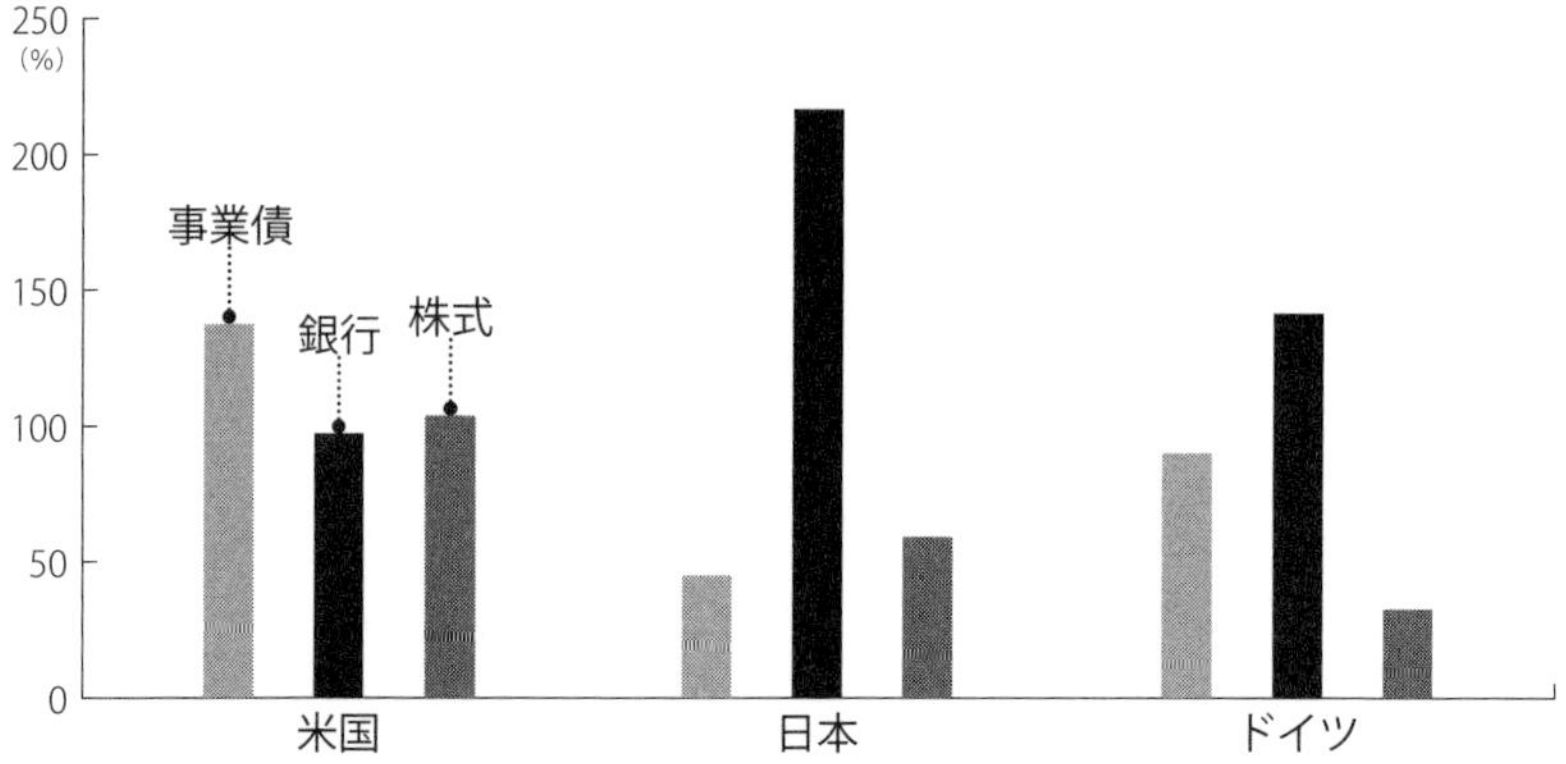

出所：大和総研調査季報 2015

ら資金を直接調達する直接金融によって発達してきたという、歴史的背景の違いがあります。

米国の銀行は、主に個人向けの住宅ローンや消費者ローンに注力しており、事業者向け貸出は比較的、少ない傾向があります（**図表6―3**）。

図表6―4に日米独の事業債マーケットの規模の比較が示してあります。実額では、2014年時点で米国非金融法人企業の事業債規模は5兆ドル（約500兆円。1ドル100円換算）といわれています。

②品揃えが豊富

米国事業債市場は規模もさることながら、発行体が幅広いという特色があります。

日本の事業債市場において、発行体はA格以上の比較的、格付けの高い企業が多いのに対して、米国は幅広く、BB格以下の比較的、格付けが低い、いわゆる「ハイイールド債（ジャンクボンド、低格付けのデフォルトリスクの高い債券）」も多く発行されています。日本ではこの層については、銀行貸し出しが主流ですが、米国では債券発行による資金調達が活発に行なわれています。

ハイイールド債マーケットの存在は、米国事業債市場の大きな特色でもあります。信用リスクが高い分、利回りが高く、ハイリターンが期待できるのが、ハイイールド債の妙味のあるところです。

ハイイールド債は、1980年台にドレクセル・バーナム・ランベール社のマイケル・ミルケン氏が積極的に開拓した市場といわれています。ミルケン氏は複数のハイイールド債をポートフォリオで保有することで、リスクを低減でき、高いリターンが得られると説きました。

1980年台後半には、LBO（レバレジッド・バイアウト）という手法を駆使した、M&A（企業買収）が活発になり、そのファンディング（資金調達）の手段として、ハイイールド債が活用されました。一時は米国経済が不況に入り、市場は一旦崩壊したものの、その後、米国経済が回復する過程で、ハイイールド債市場も復活を遂げ、相対的に格付けが低い企業の貴重な資金調達手段として、現在も重要な役割を果たしています。

③高いリターン

また供給が大きくなるほど、需給バランス的には、より利回りが高くなり、投資家にとっては魅力的な市場になります。債券を発行したいという発行体が増えるほど、発行体は少しでも良い条件を投資家に対して提示しないと、資金調達がうまくいかなくなるからです。

図表6―5は、日本の某大手銀行が円建てとドル建てで発行した事業債の利回りを比較したものです。同一期間、同一発行体であるにもかかわらず、円建てとドル建ての利回りを比較すると、ドル建てのほうが高くなって

図表6-5 ● 大手邦銀が発行したシニア債の利回り比較（2016年6月時点）

	円建て（%）	ドル建て（%）
2年	0.001	1.60
5年	0.02	2.00

います。

安定性があるMBS債

米国のMBS市場は、米国債と並んで大きな市場です。

MBS（Mortgage-Backed Securities）とは、住宅ローンを担保にした、証券化商品です。1980年代後半の高金利時代、米国の銀行は短期金利の上昇によって、長期貸し出しである住宅ローンの融資実行が困難になりました。

銀行は預金を通じて短期資金を調達するとともに、住宅ローンなど長期の貸し出しによって運用し、その利ザヤを収益にするわけですが、短期金利がどんどん上昇して長期金利を上回ると、このような調達・運用が逆ザヤになり、収益が稼げなくなります。そのため、銀行は住宅ローンという債権を証券化し、バランスシートから切り離すようになりました。こうして住宅ローンの証券化が進展した、という経緯があります。現在の米国のMBS市場の規模は1000兆円を超えており、極めて流動性の高いマーケットです。大雑把にいえば、金融機関が保有している米国住宅ローンの半分以上が証券化され、大勢の投資家によって保有されています。

住宅ローン債権の発行に重要な役割を果たしてきたのが、ジニー・メイ（Ginnie Mae：連邦政府抵当金庫）、ファニー・メイ（Fannie Mae：連邦住宅抵当公庫）、フレディ・マック（Freddie Mac：連邦住宅金融抵当公庫）の3つの政府系機関です。

その概要は**図表6―6**に示されているとおりです。

この3つのうち、最も安定性があると見られているのが、ジニー・メイが保証するMBSです。ジニー・メイは政府系機関であり、米国政府と同一とみなされていることから、ジニー・メイ保証のMBSは米国債なみの安定性があります。

また、ファニー・メイやフレディ・マックが買い取り・保証するMBS債についても、ジニー・メイ同様に「暗黙の保証」があると見られていることから、ジニー・メイに近い安定性が認められます。

実際、2007〜2008年の金融危機の際も、サブプライムローンやCDO（債務担保証券）などは大きく売られましたが、ジニー・メイ保証および、ファニー・メイやフレディ・マックが買い取り・保証するMBS債は、安定したパフォーマンスを実現させていまし

図表6-6 ● MBS関連政府機関の概要

	ジニーメイ	ファニーメイ	フレディマック
日本語名	連邦政府抵当金庫	連邦住宅抵当公庫	連邦住宅金融抵当金庫
組織形態	政府機関	政府支援機関 GSE (Goverment Sponsored Enterprise)	
設立年	1968年	1938年	1970年
事業内容	民間機関が発行する債権を担保にした住宅機関債に対して、元利金の支払いを保証	民間金融機関から直接住宅ローンを買い取り、それを担保に住宅機関債を発行し、元利金の支払いを保証	
格付	AAA	AAA	AAA

出所：パインブリッジ・インベストメンツ

た。

人気のドル建て日本企業事業債マーケット

最近注目を浴びているのが、日本企業が発行する、米ドル建て事業債マーケットです（**図表6—7**）。

日本企業は通常、円建ての債券を発行しますが、グローバルな活動をしている企業に関しては、ドル資金調達のニーズもあり、定期的に米ドル建て債券を発行しています。

米ドル建て債券の魅力は、前述したように利回りが円建て債券に比べて高いことです。実際には、米ドル金利を円金利に交換する必要があるため、その為替ヘッジコストがかかるものの、マイナス金利によって、ヘッジコストを控除した後でも、やはりドル建債券のほうが金利が高いので、人気を集めています。

図表6-7 ◎ 米ドル建て債券の発行体の例

銀行	三菱UFJフィナンシャルグループ
	三井住友フィナンシャルグループ
	みずほフィナンシャルグループ
保険会社・証券	日本生命
	第一生命
	明治安田生命
	富国生命
	野村證券
事業法人	トヨタ自動車
	NTT
	ソフトバンク

出所：著者作成

LECTURE 6-2

欧州の債券市場

近年、注目が高まってきている

EU加盟、ユーロ導入の状況は？

2016年6月24日、イギリスにおいて国民投票が行なわれ、イギリスのEU離脱が決定しました。イギリスのEU離脱のことを、英語では「Brexit（ブレクジット）」と称しています。世界中に「Brexit」ショックが走り、株安・円高が大きく進行したのは記憶に新しいところです。

EU（欧州連合）は戦後、欧州諸国が経済的に統合することで、戦争を繰り返さないという目的で、1993年に設立されました。EUに加盟することで、域内関税撤廃や労働者・金融などの障壁の撤廃などを通じて、経済的なメリットを享受することができます。一方、その分、国としての主権が一部制限されることになります。

EUの元で、通貨統合も進められて、単一通貨のユーロが1999年に誕生しました。

もちろん欧州のすべての国がEUに加盟しているわけではなく、EU加盟国のなかにも、自国の通貨を有する国がいくつかあります（**図表6—8**）。

たとえば、ノルウェーやスイスはEUに加盟していません。ノルウェーはEUに加盟することで、漁業権が侵害されるのを嫌っています。北海油田により、経済は潤っており、とくにEUに加盟するメリットを感じてはいないようです。また、スイスは元々永世中立国として独立した存在であり、移民流入に対して否定的であることから、EUには属していません。またトルコに関しては、EU加盟が検討されているようです。

一方、EUに加盟しているにもかかわらず、ユーロを導入していない国がいくつかあります。デンマーク、チェコ、スウェーデン、ポーランドなどです。ユーロを導入した場合、ECB（欧州中央銀行）による金融政策に従うこととなり、経済政策に制限が課せられるのは、すでに説明したとおりです。これらユーロを

図表6-8 ● 欧州各国のEU・ユーロ加盟・導入状況

	通貨	EU加盟	ユーロ導入
スイス	スイスフラン		
ドイツ	ユーロ	○	
デンマーク	クローネ	○	
オランダ	ユーロ	○	○
フィンランド	ユーロ	○	○
フランス	ユーロ	○	○
チェコ	コルナ	○	
ベルギー	ユーロ	○	○
スウェーデン	クローナ	○	
スロバキア	ユーロ	○	○
アイルランド	ユーロ	○	○
ノルウェー	クローネ		
イギリス	ポンド		
イタリア	ユーロ	○	○
スペイン	ユーロ	○	○
ポーランド	ズロチ	○	
ポルトガル	ユーロ	○	○
ギリシャ	ユーロ	○	○
トルコ	リラ		

出所：著者作成

導入していないEU加盟国は、ユーロ導入国に比べて相対的に統合が緩い分、潜在的にEUから離脱することも考えられます。

マイナス金利は当たり前の欧州債券

欧州では、日本に先駆けてマイナス金利を導入し、それが当たり前になっています。これは、ECB（欧州中央銀行）、および、スイス、スウェーデン、デンマークの各中央銀行が通貨安の防衛を目的に、積極的にマイナス金利政策を駆使しているからです。

とりわけ、政策金利の影響を大きく受ける2年金利に関して、マイナス金利の国が非常に多く、またプラスであっても、スペインやイタリアのように、ほぼ0％という国もあります（**図表6―9、6―10**）。

図表6-9 ● 欧州各国の2年金利（2016年6月）

	通貨	2年金利（%）
スイス	スイスフラン	-1.182
ドイツ	ユーロ	-0.655
デンマーク	クローネ	-0.649
スウェーデン	クローナ	-0.647
オランダ	ユーロ	-0.602
フィンランド	ユーロ	-0.567
オーストリア	ユーロ	-0.559
ベルギー	ユーロ	-0.555
フランス	ユーロ	-0.525
アイルランド	ユーロ	-0.312
スロバキア	ユーロ	-0.275
チェコ	コルナ	-0.126
スペイン	ユーロ	0.028
イタリア	ユーロ	0.050
イギリス	ポンド	0.253
ポルトガル	ユーロ	0.856
ポーランド	ズロチ	1.722
ギリシャ	ユーロ	8.435
トルコ	リラ	8.750

出所：ブルームバーグ社

国ごとの債券の特徴

まず、欧州債券の中心的役割を果たすのがドイツ国債です。

ドイツ国債は1年以下の短期国債（Bubill）に加えて、2年の短期債（SCHATZ）、5年の中期債（BOBL）、そして10年および30年の長期・超長期国債（BUND）により構成されています（次ページ**図表6―11**）。

ドイツ国債は欧州債券の基準的な役割を果たしており、スイス国債を除くと、その金利は最も低水準です。

欧州債券は大きく、中核国と辺国の2つに分類できます。

中核国はドイツをはじめ、イギリス、フランス、オランダ、スイスなどの金利が安定している国々です。

図表6-10 ● 欧州各国の10年金利（2016年6月）

	通貨	10年金利（%）
スイス	スイスフラン	-0.558
ドイツ	ユーロ	-0.051
デンマーク	クローネ	0.115
オランダ	ユーロ	0.211
フィンランド	ユーロ	0.286
オーストリア	ユーロ	0.338
フランス	ユーロ	0.378
チェコ	コルナ	0.415
ベルギー	ユーロ	0.412
スウェーデン	クローナ	0.587
スロバキア	ユーロ	0.673
アイルランド	ユーロ	0.790
ノルウェー	クローネ	1.075
イギリス	ポンド	1.082
イタリア	ユーロ	1.547
スペイン	ユーロ	1.620
ポーランド	ズロチ	3.155
ポルトガル	ユーロ	3.305
ギリシャ	ユーロ	8.306
トルコ	リラ	9.470

出所：ブルームバーグ社

図表6-11 ● ドイツ国債の概要と発行予定金額（2016）

		金額（億ユーロ）
短期国債（Bubill）	6ヵ月	320
	12ヵ月	165
短期債（SCHATZ）	2年	530
中期国債（BOBL）	5年	410
長期・超長期国債（BUND）	10年	510
	30年	90

出所：Bundesbank

図表6-12 ● 危機になるとドイツ国債が買われる

——ドイツ、スペイン、イタリア10年金利の推移

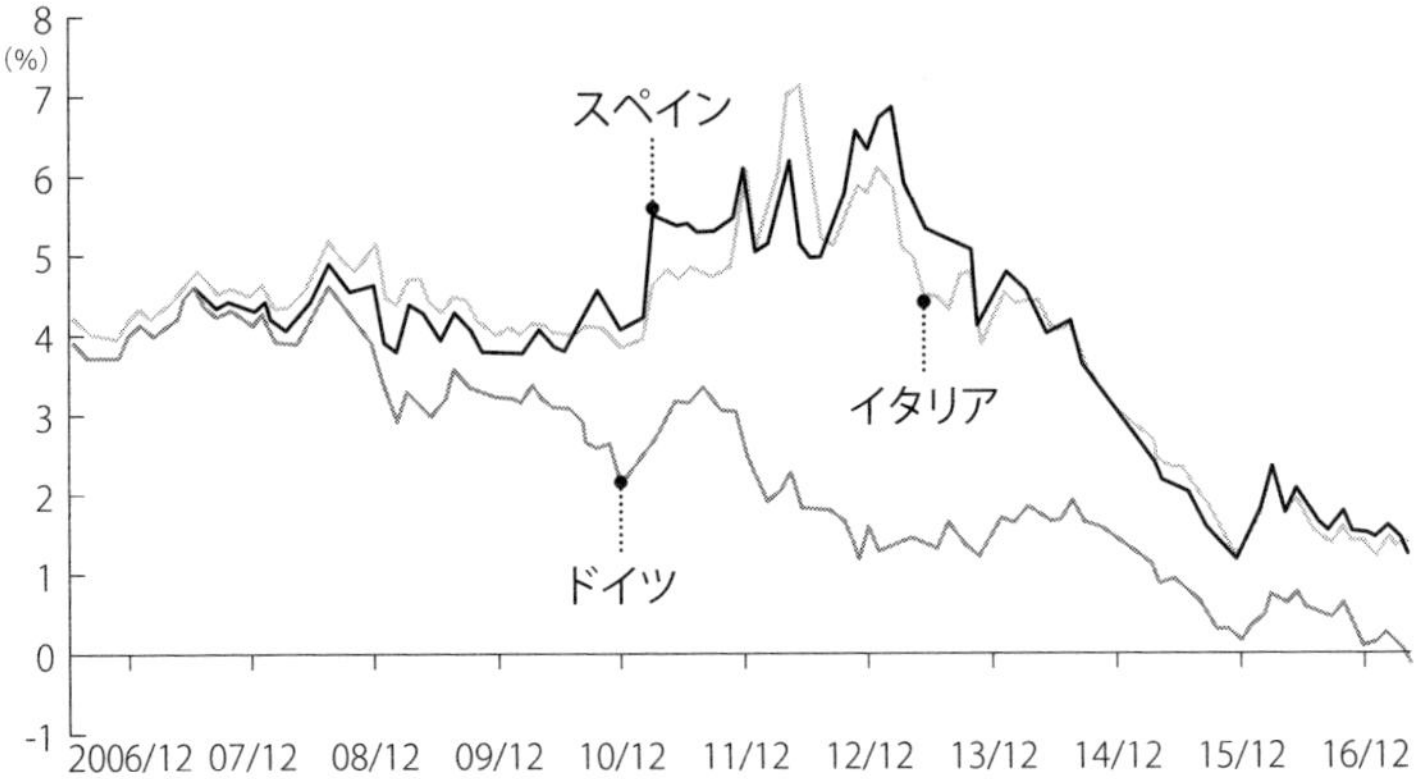

出所：ブルームバーグ社

　一方、周辺国とはスペイン、イタリア、ポルトガル、ギリシャなど比較的、財政が脆弱な国のことを指します。

　ギリシャ危機やリーマン・ショックなど、マーケットが混乱する事態が起きると、「質への逃避」ということで、ドイツ国債に資金が集中し、周辺国の国債が売られる傾向にあります（**図表6―12、6―13**）。

図表6-13 ● 欧州危機ではスペイン、イタリアの金利は急上昇した

――対ドイツ、スペイン、イタリア10年金利スプレッドの推移

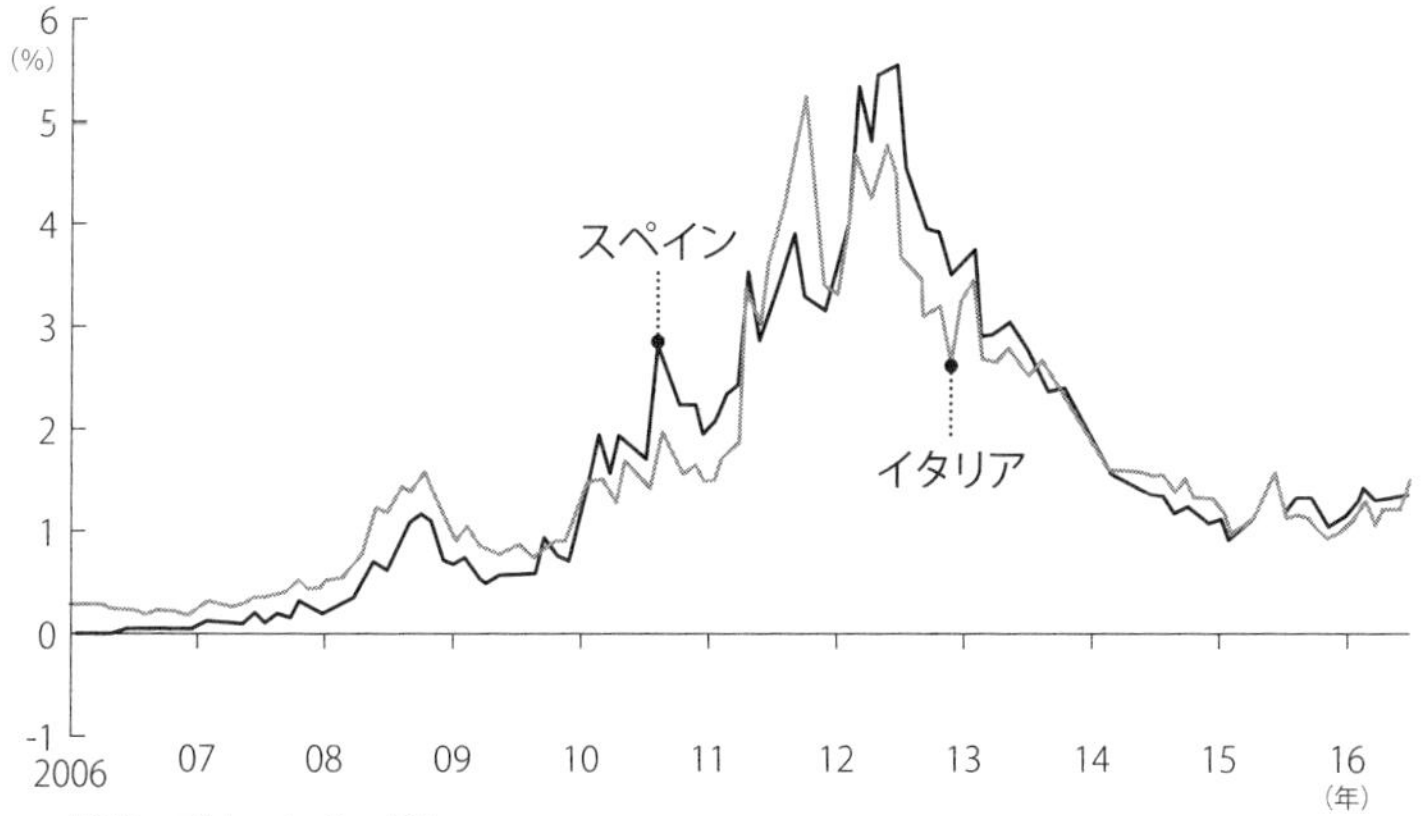

出所：ブルームバーグ社

LECTURE 6－3

新興国の債券市場

利回りが高く投資妙味があるのが魅力

勢いは鈍化しているが長期的は成長余力は不変

近年、成長著しいのが新興国債券です。

新興国債券市場は、グローバル経済の拡大とともに、大きな発展を遂げてきました。先進国債券に比べると、一般的に新興国債券は利回りが高く、その分投資妙味があります。加えて、人口増加の途上にある国も多く、その分、経済の成長余力があります。

とりわけ、1990年から米国サブプライムショックが発生する2007年までの投資収益率は高く、他の市場を大きく上回って推移していました（**図表6―14**）。

この間、1997～1998年は、アジア通貨危機やロシア危機といった、グローバル金融市場が混乱する時期でもありましたが、その後立ち直り、高い収益率を上げてきました。

ところが、2008年以降、その勢いはやや鈍化傾向にあります。

とりわけ、現地通貨建てベースの新興国債券は、米国の金融引き締め懸念が台頭した2013年以降、苦戦を強いられています。

もっとも、長期的にみれば、新興国の成長余力は不変であり、また日銀や欧州でマイナス金利政策が採用され、債券利回りがマイナス化しているなかでは、利回りの高い、新興国債券が再び見直されてくる可能性が十分にあります。

加えて、新興国債券はソブリン（国債）だけでなく、公益、民間企業（銀行、電力など）にも広がりをみせており、長期的な視点から魅力的な投資機会を提供することになると考えられます。

図表6-14 ● 2007年までは非常に良い投資先だった新興国ソブリン債
―― 各市場の米ドル建て累積収益率（1990年3月～2007年6月）

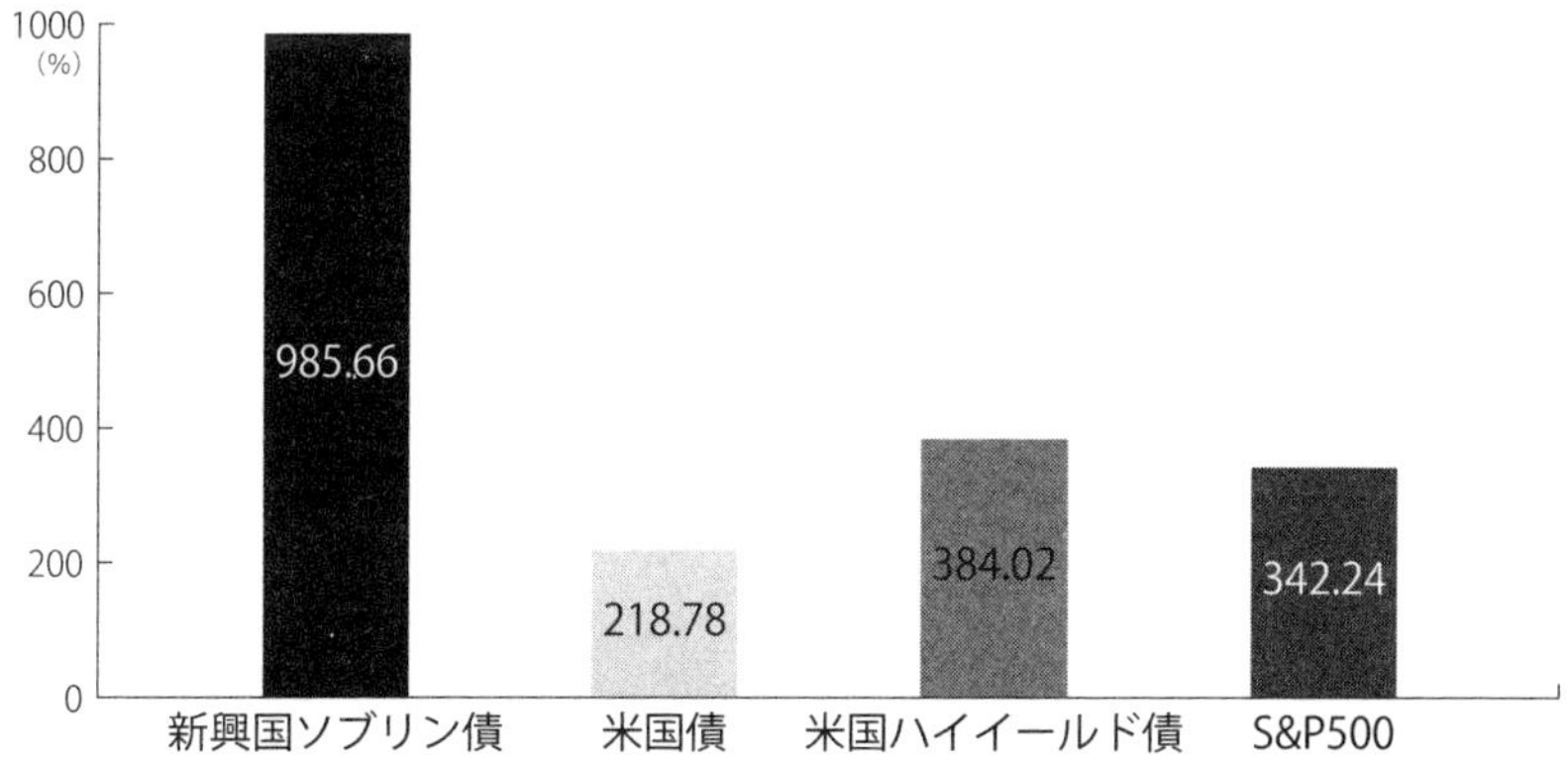

出所：CitiGroup Global Markets

あとがき

ここ数年間、金融市場は目まぐるしい動きを示しています。とりわけ、債券市場では信じられない出来事が次々と起こっています。

たとえば、マイナス金利もそのひとつです。

筆者が始めて債券運用業に携わった1990年代前半のころは、まだ米国の30年金利が10％近くありました。当時は金利が10％というのが、ノーマル（正常）な状況で、たとえば8％を割れたら低金利と言われていたこともあります。その時代と比較すると、マイナス金利というのは、まさに隔世の感があります。

本書では、第3章と第4章において、運用の現場からの視点ということで、実際の運用戦略について解説いたしましたが、ここでは「金利がいかに金融政策と密接なつながりがあるか」という点を明らかにしております。

つまり、マイナス金利という現象も、まさに金融政策とその背景である「デフレ現象」がもたらしたものである、ということがいえると思います。

2008年に起きた、リーマン・ショック以降、世界経済は長いあいだ、構造的なデフレ現象が続いてきました。それに対応して、先進各国では、「非伝統的金融政策」、たとえば、日本では「量的緩和（QE＝Quantitative Easing）」や米国では「大規模資産購入（LSAP＝Large Size Asset Purchase）というような、中央銀行が自ら債券市場にコミットして、債券を購入すると言った政策が打ち出されてきました。

その成果もあり、米国ではようやく、２０１５年12月にＦＲＢが利上げを実施、金融政策の正常化への第一歩が踏み出されました。しかしながら、その回復の動きは従来と比べると緩慢であり、逆に、日本や欧州では「マイナス金利政策」という、歴史的に例をみない政策が打ち出されることになりました。

歴史的に例をみないだけに、マイナス金利政策には反対意見も多く存在します。その際たるものが、銀行など金融機関の収益に対するマイナス効果です。また、そもそも、金融政策はやりすぎではないだろうか？　もっと財政政策や構造改革により経済成長を促進させる政策に力を入れるべきではないだろうか？　といった声が、世界的に高まってきているように思われます。

実際、日本でも安倍政権のもとで、28兆円超の経済対策が打ち出されましたし、米国もトランプ新大統領が、財政拡大による大型減税やインフラ投資を実施するとの見方がされて、米国長期金利が大幅に上昇しました。

日銀も、これまでの金融政策を総括して、２０１６年9月には長短金利操作（イールドカーブ・コントロール）を行なう、「長短金利操作付き量的・質的金融緩和」を打ち出しました。このような金融政策の変化を反映して、債券市場の金利水準やイールドカーブが大きく変化しています。

まさに、債券市場にとって、いまは激動の時代、といっていいでしょう。

本書では、債券の基本的な見方や理論を理解すると同時に、歴史的な観点からの考察にも力を入れました（第５章など）。

もちろん、債券市場や金融政策は常に変化しており、進化している部分もあります。したがって、過去のまったく同じことが起きるわけではありません。しかし、「賢者は歴史に学ぶ」という言葉にもあるとおり、過去を振り返ることは、とても有益であると考えています。

とりわけ、本書では、ローマ帝国時代から、中世を経て、現在に至るまで、長期間の債券市場の歴史をまとめております。筆者としても、かなり頑張って調べたところでもあり、なかなかユニークな読み物になっていると思っています。

一方で、執筆を始めてから、次々と新しい金融政策が打ち出されました。したがって、最近の日銀の「イールドカーブ・コントロール」などの動向については、本書が追いついてない面もあります。そこで、この場で少し補足をしてみたいと思います。

果たして、日銀はイールドカーブをコントロールすることが可能なのでしょうか?

これに対してはさまざまな見方ができると思います。個人的には、「金利は、短い金利ほどコントロールが容易だが、長い金利になればなるほど困難である」と考えています。

日銀は10年金利を「概ね0%程度で推移するよう、長期国債の買入れを行なう」としていますが、これは10年金利をアンカーとして、コントロールすることを意味しています。逆にいうと、20年、30年といった、さらに長い金利に関してはある程度、変動を容認するということになります。

本来、金利はインフレ期待や景気動向、財政状況といった、マクロのファクターで動くものです。だとすれば、そこまで日銀がコントロールするというのは、かなり荷が重い作業であると言わざるを得ません。

ところで、この長期金利をコントロールする手段として導入されるのが、長短金利操作のための新型オペレーション、すなわち「指値オペ」といわれているものです。

簡単にいえば、通常の日銀オペレーション（資金供給）は、一定の金額が明示されているのに対し、指値オペは、金額ではなく、利回り水準が示されるものです。

たとえば、日銀が２０１６年11月17日に短中期債に対して行なった指値オペでは、前日の終値に対して、＋２ｂｐｓにて日銀が対象債券を買い取るという条件が提示されました。ここでのポイントは、買入れ金額が「無制限」ということです。

かなり、過激な条件ですが、本件では初めての「指値オペ」ということもあり、市場が発表の瞬間に上昇してしまい（つまり金利が低下）、日銀の提示した条件が必ずしも、魅力的ではなかったことから、応札額はゼロでした。

今後も、長い年限の金利が急激に上昇した局面では、中短期債だけでなく10年債などでも、指値オペがなされるということになります。本書が出版されるころには、そのような状況になっている可能性も充分にあると考えています。

よく金融政策はアートである、といわれます。必ずしも、決まった答えがあるとは限りません。中央銀行もある種、手探りのなかで試行錯誤している面もあるわけです。

このように、債券市場をめぐる状況は刻一刻と変化を続けており、なかなか執筆のほうが追いつかないというのが現状です。

次はどのようなチャプターが待っているのでしょうか？

本書が債券市場を理解する上で、一助になれば幸いに存じます。
最後に、本書の出版にあたり、尽力いただだいた方々に、この場を借りてお礼を申し上げたいと思います。

松川　忠

二〇一六年一二月

大槻奈那（おおつき　なな）
東京大学文学部卒業。ロンドン・ビジネス・スクールでMBA取得。スタンダード&プアーズ、UBS、メリルリンチ等の金融機関でリサーチ業務に従事、各種メディアのアナリスト・ランキングで高い評価を得てきた。2016年1月よりマネックス証券の執行役員チーフアナリストを務めた後、2022年9月よりピクテ・ジャパン　シニア・フェロー。名古屋商科大学経済学部教授、東京都公金管理運用アドバイザリーボード委員を兼務するほか、テレビ東京『Newsモーニングサテライト』にもレギュラー出演している。

松川　忠（まつかわ　ただし）
上智大学外国語学部卒業。日本債券信用銀行、AIGインベストメンツなどを経てパインブリッジ・インベストメンツ入社。現在、債券運用部長。2009年R&Iファンド大賞・国内債券部門受賞。日本銀行の異次元緩和についてブルームバーグ社やウォール・ストリート・ジャーナルなど主要メディアから取材を受けるなど、市場を代表する債券運用者の一人。

本当《ほんとう》にわかる　債券《さいけん》と金利《きんり》

2017年2月1日　初版発行
2022年11月1日　第5刷発行

著者　大槻奈那 ©N. Otsuki 2017
　　　松川　忠 ©T. Matsukawa 2017
発行者　杉本淳一

発行所　株式会社日本実業出版社　東京都新宿区市谷本村町3-29　〒162-0845
編集部　☎03-3268-5651
営業部　☎03-3268-5161　振替　00170-1-25349
https://www.njg.co.jp/

印刷／理想社　製本／共栄社

この本の内容についてのお問合せは、書面かFAX（03-3268-0832）にてお願い致します。
落丁・乱丁本は、送料小社負担にて、お取り替え致します。

ISBN 978-4-534-05464-7　Printed in JAPAN

日本実業出版社の本 投資・経済関連書籍

定価変更の場合はご了承ください。

好評既刊！

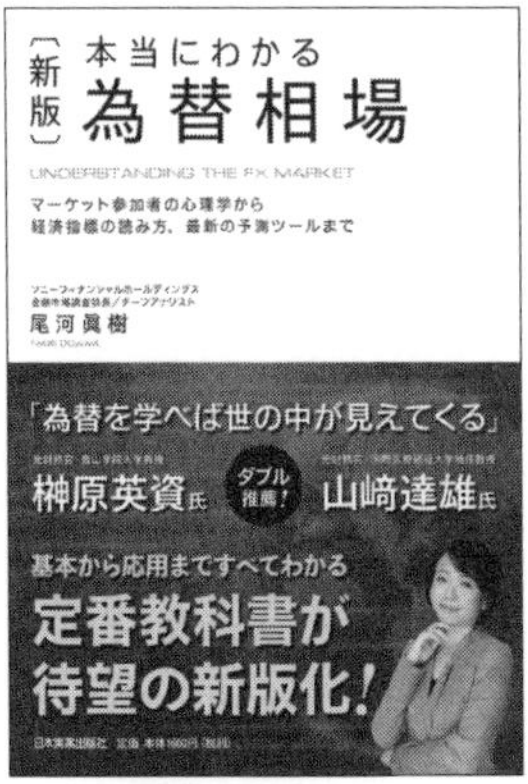

尾河眞樹 著
定価 本体1600円（税別）

英国のEU離脱ショックやトランプ・ショックで為替相場が激動するなか、テレビ東京でも人気の著者が為替相場に関わるすべてをやさしく解説。2012年刊行の定番教科書を大幅に拡充した待望の一冊！

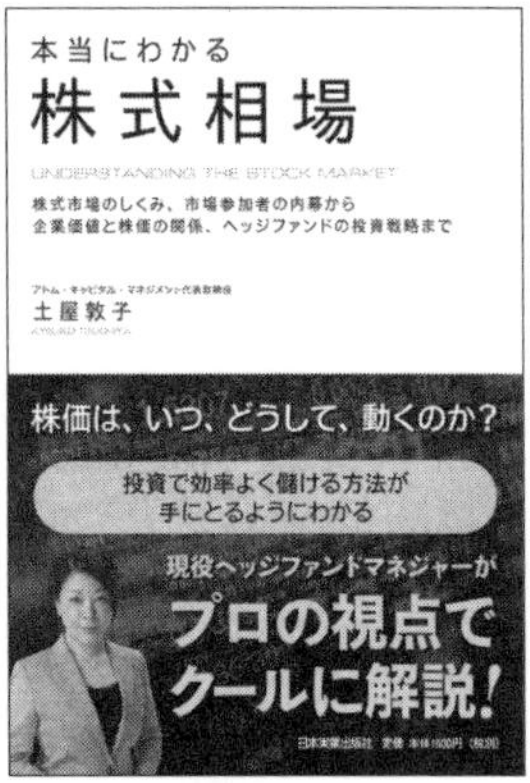

土屋敦子 著
定価 本体1600円（税別）

外資系証券のアナリストや日本株投資責任者などを経て、現在は自らの運用会社を通じてヘッジファンド戦略による運用を行なう現役ファンドマネジャーが、株式相場と投資ノウハウをクールに解説！

田渕直也 著
定価 本体2400円（税別）

ランダムウォーク理論、行動ファイナンス理論など投資家を魅了し続ける「市場理論」（＝錬金術）について、豊富な図解を用いて網羅的に解説する他に類をみない初めての実務書。

山崎　元 著
定価 本体1400円（税別）

“お金との賢い付き合い方を教えてくれる第一人者”が、すべての人が最も得できる確定拠出年金の活用法について、具体的な商品例を取り上げながら、シンプルかつロジカルに解き明かす。